Ulrich Thomas Wolfstädter
Krieg der Gendersterne

Ulrich Thomas Wolfstädter

Krieg der Gendersterne

Frank & Timme

Verlag für wissenschaftliche Literatur

ISBN 978-3-7329-0870-7
ISBN E-Book 978-3-7329-9080-1

© Frank & Timme GmbH Verlag für wissenschaftliche Literatur
Berlin 2022. Alle Rechte vorbehalten.

Das Werk einschließlich aller Teile ist urheberrechtlich geschützt.
Jede Verwertung außerhalb der engen Grenzen des Urheberrechtsgesetzes ist ohne Zustimmung des Verlags unzulässig und strafbar.
Das gilt insbesondere für Vervielfältigungen, Übersetzungen,
Mikroverfilmungen und die Einspeicherung und Verarbeitung in
elektronischen Systemen.

Herstellung durch Frank & Timme GmbH,
Wittelsbacherstraße 27a, 10707 Berlin.
Printed in Germany.
Gedruckt auf säurefreiem, alterungsbeständigem Papier.

www.frank-timme.de

Inhalt

Aneignung 7

Vorwort 11

Problemstellung 19

1 Der Grundirrtum des Genus-Sexus-Prinzips 35

2 Analyse der landläufigen Genderlinguistik 75

Fazit und Schlussfolgerungen 135

Dank 155

Quellen- und Literaturverzeichnis 157

Aneignung

Ich bin weder Cis noch Trans. Und auch nichts dazwischen oder darüber hinaus. Ich bin ein *Mensch* mit genitalen Merkmalen – kein Mensch mit *genitalen Merkmalen* …

... wie das im Grunde der Sprache
für jede*n andere*n Mensch(en)*in gilt!

Dem *Spaziergang*.

Vorwort

Die feministische Sprachkritik hat recht – *aber nur*, weil ihren Verfechtern von gegnerischer Seite die Möglichkeit und aller Grund zur Kritik gegeben wird. Diesem unreflektierten Umstand entspringt die geistige Verhärtung der einander entgegengesetzten Lager im Für und Wider der sogenannten gendergerechten Sprache. Dabei wähnt sich der Großteil beider Lager im Lichte der Ziele, die mit ihr verfolgt werden, in Sicherheit. Indes hat die Diskussion um die Genderlinguistik zwischenzeitlich mehr als nur den Schein einer gesellschaftlichen Spaltung angenommen: Wir erleben in der sachlichen Auseinandersetzung keinerlei befruchtenden Diskurs mehr, die jeweiligen Positionen mit ihren Argumenten sind gänzlich unbeweglich, die Erstarrung scheint sich immer weiter auszubreiten. Wir befinden uns in einem regelrechten Krieg der Geschlechtsidentitäten, in einem zunehmend unnachgiebigen Ringen um die politisch korrekte Art und Weise einer vermeintlichen Möglichkeit, diese Identitäten sichtbar zu machen und die Gleichstellung in der Gesellschaft endlich umzusetzen – *unter Missbrauch der Sprache*. Worauf ich hinaus will: In der (genderlinguistischen) Sprachwissenschaft herrscht ein genereller, insbesondere aber ein *kultursprachlicher* Fehler vor, der die Argumente für oder gegen eine gendergerechte Sprache auf beiden Seiten zu Pyrrhussiegen macht:

„Gewünscht wird eigentlich eine Sprache, die sowohl echt geschlechtsabstrahierende als auch geschlechtsspezifizierende Ausdrucksmöglichkeiten besitzt, und zwar in der Form, daß erstens keines der beiden Geschlechter sprachlich benachteiligt wird und zweitens alle die Sprache als ‚bequem' und ‚nicht schwerfällig' empfinden. Im Grunde ist dies ja eine Mindest-Anforderung, wie sie an jede anständige Sprache, die ihren Namen verdient, zu stellen wäre: **Sie soll gerecht und bequem sein!** Wie jedoch unsere überkommenen, durch und durch patriarchalischen Genus-Sprachen der Erfüllung auch nur der Mindestanforderung näherzubringen sind, bleibt einstweilen unklar."[1]

Die Pyrrhussiege bestehen darin, dass keine der Seiten auf dem diskursiven Schlachtfeld versteht, dass – und insbesondere warum – sie beide recht haben, wenn auf der einen Seite der patriarchale Sprachgebrauch kritisiert und auf der anderen Seite die gendergerechte Sprache als geeignetes Mittel der Dekonstruktion des Patriarchats infrage gestellt wird. Denn diese gewünschte „gerechte und bequeme" Sprache, wie sie die Mutter der feministischen Sprachkritik Luise F. Pusch einklagt, *existiert* bereits. Es besteht allerdings Unklarheit darüber, wie diese Sprache die genannte Mindestanforderung erfüllen soll, die sie ja als ihre vorgängige Bedingung unmöglich macht. Die Schwierigkeit ergibt sich nicht daraus, dass diese Unklarheit gesehen wird, sondern basiert vielmehr darauf, dass in unserer Gesellschaft und Kultur insgesamt der Glaube an einen Zusammenhang zwischen Genus und Sexus nicht nur vorherrscht, sondern tief in unser Weltverständnis, das wir sprachlich zum Ausdruck bringen, verwoben ist. Das heißt, *die Kenntnis und*

....
1   Pusch (1990), S. 94f. Fettdruck gemäß dem Original.

Wahrnehmung der Unklarheit einer gerechten[2] und bequemen Sprache ist das kultürlich heraufbeschworene Produkt aus dem Glauben an den Genus-Sexus-Nexus.

Während der Arbeit an meiner Schrift *Die Objektität des Bewusstseins* hatte sich mir der Grund für diese Unklarheit und die ihr zugrunde liegende Blindheit freigelegt: die Kopplung von Identitäten an akzidenzialleibliche Merkmale.[3] Wir geraten in ein unsäglich fatales Straucheln, wenn wir auf diese Weise glauben, im Blick auf uns selbst die Menschlichkeit der Menschen in anthropologischen Unterschieden zu suchen:[4] Wurde in den vergangenen Jahrhunderten ein *Rasseunterschied* der Menschen zu diesem Zweck ideologisiert, so dient als Mittel zum Zweck heute das *Geschlecht*. Aber das eine gibt es *so wenig* wie das andere.[5] Jedenfalls war ich in meinem Manuskript zu besagter Schrift darauf verfallen, über unzählige Seiten hinweg und anhand vieler lebensweltlicher wie landläufiger Beispiele die sprachwissenschaftlichen Aspekte darzulegen, die gegen den Gebrauch einer *Sex* oder *Gender* berücksichtigenden Spra-

---

2 Ob Sprache „gerecht" sein kann, ist in Zweifel zu ziehen; siehe Bayer (2020). Das Gleiche gilt für ihre „Bequemlichkeit". Für den Moment aber soll dies hier nicht weiter problematisiert werden.

3 Beginnend mit Simone de Beauvoir zeichnet sich zwar eine Ablösung der kultürlichen Zuschreibung der Geschlechtsidentität vom biologischen Geschlecht ab, doch auch mit Judith Butlers Idee, die Geschlechtsidentitäten (Gender) losgelöst von der diskursiv hergestellten sexuellen Binarität zu denken, bleibt der Dichotomie von Sex und Gender als notwendiges Korrelat dafür, Geschlechtsidentitäten überhaupt propagieren zu können, verhaftet; vgl. Wolfstädter (2021, S. 186ff.).

4 Vgl. Balibar (2012), S. 121ff.

5 Vgl. Wolfstädter (2021). Um einem Missverständnis vorzubeugen, sei gesagt, dass hier der Fokus auf dem Prinzip dieses strukturellen Mechanismus liegt, es geht nicht um einen Vergleich, was die jeweiligen historischen Auswüchse betrifft.

che sprechen. Ich war dabei vor dem Hintergrund meiner darin ausgearbeiteten philosophischen Theorie der unisexualen Einheit des Ichs – dass also nicht nur Gender, sondern ebenso die auf die Genitalien rekurrierende Annahme einer *biologischen Sexualität* kultürliche Konstrukte sind[6] – von dem feministisch motivierten Ziel getrieben, einen wissenschaftlich neu fundierten Beitrag für die sozialisierte Akzeptanz, Toleranz und Gleichstellung der geschlechtlichen und sexuellen Vielfalt zu leisten. Andererseits aber sah ich gerade den Irrtum und die Untauglichkeit der sexualistischen Genitalsprache, dieses hehre Ziel zu erreichen. Das reizte dazu, den Irrweg und die Untauglichkeit des Genderns mittels einer Analyse zahlreicher landläufiger Beispiele ad absurdum zu führen. Dabei wurde die Auseinandersetzung mit der landläufigen Genderlinguistik jedoch immer umfangreicher, und sie wollte sich auch nicht so recht dem philosophischen Bau der *Objektität des Bewusstseins* fügen. Daher sah ich schließlich davon ab, sie in diesem Rahmen unterzubringen, und musste auf eine spätere Schrift verweisen.[7]

* ♀ * ♂ *

---

6   Dieser Sachverhalt ist scharf zu trennen von der Theorie Butlers, die beinhaltet, dass das biologische Genital das Produkt einer diskursiven Performation sei. Das ist, mit Verlaub: Unfug. Die Separativität der genitalleiblichen Akzidenz *ist* die Sprache, wie ich in Wolfstädter (2021) ausführlich darlege. Die separative Genitalität des Menschen ist – ohne einen kultursprachlichen Einfluss – eine leibliche Tatsache, wenngleich das nicht mit dem Glauben an die (biologische) Begründbarkeit verschiedener auf die Genitalien (binär-)rekurrierenden oder (gender-)korrelierenden Identitäten zu verwechseln ist.

7   Siehe Wolfstädter (2021), S. 287f.

Doch einer (feministischen) Ideologie, die ihren Verfechtern in Anbetracht des genannten und noch zu behandelnden Umstandes durchaus das berechtigte Gefühl und die Gewissheit verleiht, im Recht zu sein, kann mit sachlichen Argumenten, *und mögen sie noch so wissenschaftlich fundiert sein*, nicht begegnet werden. Das ist eine Tatsache, die mir – durchaus schmerzlich – bewusst ist. Daher entschloss ich mich wiederum dazu, auch die angekündigte Schrift in der beabsichtigten Form zu verwerfen. Es gibt schon genug befürwortende oder ablehnende (wissenschaftliche) Literatur – wiederum ein Beleg für das geschlechtliche Unbehagen in unserer Sprache, wenn nicht gar selbst ein Beitrag dazu, dass dieses sich weiter verstärkt und verhärtet. Warum also sollte ich in dieser Angelegenheit mit einer weiteren und überflüssigen Stellungnahme mitstreiten? Und: Wen interessiert so etwas denn *inhaltlich*, wenn das eigentliche Problem doch an ganz anderer Stelle liegt, insofern es einen entscheidenden blinden Fleck gibt, der Kampf also auf ideologischem Boden stattfindet? In dieser Hinsicht habe ich ja Verständnis für die feministische Genderlinguistik, ohne dabei ihr Fürsprecher zu sein. Die vorliegende Schrift ist also in dem Sinne zu lesen, dass der blinde Fleck fixiert, aufgedeckt wird. Es gilt, aus jenem Phänomen auszubrechen, das in *beiden Lagern* wirkmächtig ist:

> „Worte zielen zwar auf andere, können aber durch den Bumerang-Effekt sprachlicher Kommunikation auch uns selbst beeinflussen. Das heißt, wir lauschen und lesen zwangsläufig selbst, was eigentlich für andere bestimmt ist. Wie bei den Adressaten löst das auch bei uns kommunikative Resonanzen aus – oftmals ungewollt und unverhofft. Nicht zuletzt deshalb sind Visionäre,

Dogmatiker:innen, Leugner*innen, Lügner und Verschwörungsmystiker insgeheim gezwungen, an das zu glauben, was sie anderen erzählen – schon, um nach außen hin konsequent zu bleiben.

Kurzum: Kommunikative Resonanz macht vor Selbstmanipulation nicht Halt. Ganz im Gegenteil! Je konsequenter wir Resonanzen zu kontrollieren versuchen, umso zwangsläufiger – um nicht zu sagen: umso zwanghafter – müssen wir an das glauben, was wir verbreiten."[8]

Und weiter heißt es:

„Festzuhalten ist (...), dass das Selbsttäuschungs-Projekt zu einer stets prekären Aktivität führt. Daher erscheint es nur rational, wenn man/frau individuelle Selbsttäuschung sozial kritisiert. Trotzdem bleibt die Frage: Wenn eine Selbsttäuschung nicht zielführend zu einer Problemlösung beiträgt, warum ist sie dann so weit verbreitet? (...) [Man] könnte (...) sagen: Wir lügen uns bisweilen in die Tasche, schlicht um Zeit zu gewinnen – sei es in der Hoffnung, dass sich Probleme dann von selber lösen oder dass man auch dann Erfolg verspüren kann, wenn frau sie standhaft ignoriert. Klar scheint jedenfalls: Individuelle Formen der Selbsttäuschung können sowohl absichtlich wie irrational sein. Dazu (...) Precht:

---

8   Antos (2021), S. 154f.

‚Weil wir bestimmte Gefühle, Überzeugungen, Haltungen und Weltanschauungen haben, suchen wir uns die dazu passenden vernünftigen Argumente. Abtreibungsgegner sind zumeist nicht deshalb gegen Abtreibung, weil vernünftige Argumente sie überzeugen. Sondern sie suchen sich mehr oder weniger vernünftige Argumente, weil sie gegen Abtreibungen sind.'"[9]

Mit der vorliegenden Schrift verfolge ich also nunmehr die Spur des Warum, suche danach, wie der Kampf um den angemessenen Ausdruck oder die Notwendigkeit einer Berücksichtigung der (sexualbiologischen) Geschlechtlichkeit, sprich des Sex und Gender in der Sprache, begründet wird. Ich halte also Ausschau danach, *warum genderideologische Sprachschlösser gebaut werden,* obwohl „[wir heute d]eutlicher als noch vor 40 Jahren sehen (...), dass es **keine belastbare wissenschaftliche Grundlage für die geschlechtergerechte Sprache** gibt."[10] Es gilt, die Achillesferse dieser unsäglichen Selbsttäuschung aufzuspüren[11] – und, das will ich nicht verhehlen: den Dolch dann auch wirklich in sie hineinzurammen! Denn „[g]erade weil Selbsttäuschung manchmal vernünftiger als die nackte Wahrheit zu sein scheint, kann sie [die nackte Wahrheit, U. W.] z. B. als Stabilisierungsfaktor bei der Motivation [der Selbsttäuschung, U. W.]

....

9 Ebd., S. 242f.; dort Precht-Zitat unter Angabe von „Precht, Richard David (2020): *Roboter können keine Moral. Warum das Gerede von superintelligenten, allmächtigen Maschinen nur ein großes Ablenkungsmanöver ist.* In: https://www.zeit.de/2020/26/künstliche-intelligenz-roboter-moral-gefahr-ethik (letzter Zugriff: 14.04.2021)", ebd., S. 311; Quelle inzwischen nicht mehr abrufbar.

10 Payr (2021), S. XV, Fettdruck gemäß dem zitierten Original.

11 Vgl. auch Antos (2021), S. 247–249.

helfen".¹² Genau das ist der fast schon belustigende Fall, wenn Befürworter wie Gegner des genderlinguistischen Sprechens Hans Christian Andersens Märchen *Des Kaisers neue Kleider* ins Feld führen,¹³ um dem Kontrahenten einen „Rückzug in eigene Welten, in Selbstverzauberung oder gar in Wahn"¹⁴ zu attestieren – ohne sich allerdings bewusst zu sein, wie recht sie jeweils *gleichermaßen* haben. Denn der Wahn und die Selbsttäuschung bestehen weder im Wettern „gegen sprachliche Pappkameraden (…), also gegen Anglizismen (Spitzmüller 2005), gegen die ‚Leichte Sprache' (Fix/Bock/Lange 2017) oder gegen das Gendern (Kotthoff/Nübling 2018)", wie Gerd Antos meint.¹⁵ Ebenso wenig bestehen sie in der Angst, die Notwendigkeit des Genderns nicht zu erkennen,¹⁶ aus der Sorge heraus, „in diesem Fall für dumm zu gelten (…) von den anderen für ‚frauenfeindlich' gehalten zu werden oder nicht auf der Höhe der Zeit zu sein".¹⁷ Der wirkliche Wahn besteht vielmehr geradewegs und tatsächlich in der besagten *nackten Wahrheit*, die, ihrer ansichtig, in Analogie zu Andersens Kaiser gesprochen *alle in unserer Kultur* denken lässt: „‚Nun muß ich die Prozession aushalten.' Und die Kammerherren gingen noch straffer und trugen die Schleppe, die gar nicht da war."¹⁸

---

12 Ebd., S. 244.
13 Siehe Payr (2021), S. XV oder Kelle (2020), S. 7ff. bzw. Antos (2021), S. 86–89.
14 So Antos (2021), S. 154 in Bezug auf das besagte Märchen.
15 Ebd., S. 114.
16 In Bezug auf Andersens Märchen gesprochen, dass sich niemand eingesteht, die Kleider des Kaisers gar nicht zu sehen; vgl. Payr (2021), S. XV.
17 Ebd.
18 Andersen (1862).

Problemstellung

> „Was der Mensch ist, seine wahre Natur,
> ist nach dem Tod Gottes unergründlich.
> Es gibt keine ‚Universalien' mehr,
> keine feste Definition des Humanen.
> Wo früher ‚Natur' drüberstand, steht jetzt ‚Kultur'. Was
> der Mensch ist, erklärt sich durch die Antworten,
> die er auf seine Umwelt findet.
> Menschen leben nicht in einer vorgefundenen Welt,
> sondern sie stellen sie her,
> von Kontext zu Kontext verschieden.
> Braucht es da noch eine
> alles ergründende Philosophie?"[19]

Was ist ein Spaziergang? Alle glauben es zu wissen – niemand weiß es. Oder gibt es doch historische Beispiele? Rosa Parks *wusste* es vielleicht nicht, aber sie *tat* es: Sie *spazierte* hin zu einem Platz im Bus und setzte sich! Das tat sie, *ohne dass sie sich dazu auf eine moralische Legitimation innerhalb der weißen Mehrheitsgesellschaft hätte stützen können*. Ich muss zugeben, dass ich diesen Mut nur bedingt habe, nämlich dann, wenn ich nicht gerade in Fußgängerzonen oder Stadtparks spaziere. Diese exzessive Handlungstat gebührt Menschen wie Peter Niehenke, eine angemessene Anerkennung hat er dafür aber nicht erhalten.[20] Vielmehr versuche ich – feige (?) – die wissen-

---
19 Precht (2019), S. 12f.
20 Vgl. Wolfstädter (2021), S. 126, 563.

schaftliche Evidenz zu schaffen, *bevor* ich es wage, den ersehnten Spaziergang zu unternehmen und es Parks oder Niehenke gleichzutun. Wusste also Niehenke oder Parks, was ein Spaziergang ist? Wahrscheinlich, sie handelten aber nicht mit dem Rückhalt wissenschaftlicher Evidenz, die Archimedes nackt aus der Wanne springen ließ …

* ♂ * ♀ *

Isabel Rink beschreibt den sprachlichen Barrieretyp der Kulturbarriere für Personen, die dia- oder parakulturellen Gemeinschaften angehören. Demnach können „Inhalte (…) deshalb nicht verstanden oder missverstanden werden, weil kulturgebundene Frames (…), die zur Auflösung der Textsemantik notwendig sind, nicht angelegt sind".[21] Es mag vermessen klingen, wenn ich dies folgendermaßen umformuliere und auf die Kultursprachlichkeit unserer Gesellschaft überhaupt beziehe, insofern es um die Erschließung philosophischer Texte geht: *Inhalte können deshalb nicht verstanden oder missverstanden werden, weil kulturgebundene Frames, die zur Auflösung der philosophischen Textsemantik notwendig sind,* angelegt *sind.* Denn es scheint doch ganz so, dass ich in unserer gegenwärtigen Debattenkultur überhaupt nichts mehr sagen, geschweige denn eine Meinung vertreten kann und darf, *ohne dass mein Penis die inhärent verankerte epistemische Bedeutung des Gesagten mitgestaltet.* Für die eigentliche Bedeutung aber, für das also, was ich mit Worten und mit dem Anspruch auf Wissenschaftlichkeit unabhängig von dem mir zugeschriebenen Geschlecht (nur) zum sprachlichen Ausdruck bringen möchte,

....
21 Rink (2019), S. 55.

hat offenbar niemand mehr ein Ohr. *Frau*[22] schaut nur noch darauf, *wie* ich spreche, *ob* ich die heiß umkämpfte geschlechtergerechte Sprache politisch korrekt zur Anwendung bringe oder nicht – und nicht darauf, *was* ich sage. Merkwürdigerweise hat unterdessen nie*frau*d ein Auge für meinen Penis – der doch ganz offensichtlich verantwortlich für diese Misere ist: Oder ist es mir etwa erlaubt, mein männliches Pendant zur kultürlichen Zuschreibbarkeit der weiblichen Geschlechtsidentität, die in der Ideologie der feministischen Genderlinguistik insbesondere mit Rücksicht auf die propagierte sexuelle Vielfalt sprachlich „sichtbar(er)" gemacht werden soll, darf ich dieses Pendant also während eines Spaziergangs und Gesprächs *sichtbar* haben? Diese Frage mag die meisten Leser an dieser Stelle überraschen, sie ist aber entgegen der gängigen Annahme mehr als berechtigt. Mehr noch: Sie drängt sich auf, stellt dieses mein Genital doch jenes leibliche Akzidenzium dar, dem ich meine intellektuelle Diskriminierung in der öffentlichen Diskussion zu verdanken habe! Wird aber seine *Sichtbarkeit* als Skandal aufgefasst und empört zurückgewiesen, so stellt dies doch das mir dank ihm aufgepfropfte soziale Genderkonstrukt umgehend infrage. Dieses weise ich ohnehin zurück, wenn ich darauf beharre, trotz meines Penis nicht als Mann auf die Welt gekommen zu sein, sondern dazu gemacht zu werden[23] – wenn

....

22 Hier als bezeichnender Terminus der genderlinguistischen Ideologie zu verstehen.

23 Vgl. Beauvoir (2002), S. 334 – und Kelle (2020), S. 7: „‚Auf die Tatsache, dass der Kaiser nackt ist, reagiert der Linke mit einem Diskurs über Bekleidetsein als soziales Konstrukt', schrieb einst der Journalist und Autor Michael Klonovsky. Analog reagiert der Gender-Experte auf die Tatsache, dass der Kaiser ein Mann ist, mit einem Diskurs über Geschlecht als soziales Konstrukt. Nackt ist er trotzdem. Genauso nackt, wie die ganze Gender-Forschung auch nach vielen Jahren immer noch dasteht und einen

ich also gar als Mensch (mit Penis) diese Schrift verfasse und nicht mehr als *sozial gesitteter* Mann. Gefahr ist im Verzug! So stellt Fabian Payr fest:

> „Als **Mann** haben Sie ohnehin schlechte Karten, wenn Sie Kritik gegen das Gendern vorbringen. Denn den Verfechtern des Genderns ist klar, dass Sie als Mann einfach um Ihre lieb gewonnenen Privilegien fürchten. Sie haben es sich in einer sexistischen Sprache gemütlich eingerichtet und empfinden das lästige Möbelrücken in Ihrer Sprachbehausung nun als Zumutung. Vermutlich sind Sie auch einfach nur ein konservativer Zeitgenosse, der zu träge für Veränderungen ist."[24]

Aus dem Lager der feministischen Genderlinguistik ist in der Empörung über diese männliche Anmaßung gar zu vernehmen, dass dies „relativ gut das Ausmaß bestehenden Androzentrismus" abbilde.[25] Weiter heißt es:

> „Das generische Maskulinum versteckt also Frauen systematisch und legt ihnen die zusätzliche Bürde auf, ständig darüber nachzudenken, ob sie in einem konkreten Fall mitgemeint sind oder nicht. […] Dass die Nicht-Betroffenen ([…] die Männer) diskriminierende Sprache

---

Beweis ihrer bahnbrechenden Hypothese schuldig geblieben ist, wonach das biologische Geschlecht keine Relevanz besitzt und stattdessen das ‚soziale' Geschlecht zählt."

24 Payr (2021), S. XI. Fettdruck gemäß dem Original. Siehe auch ebd., S. 120.
25 Vgl. Kotthoff/Nübling (2018), S. 121 (Kapitel verfasst von Nübling).

so schwer erkennen, liegt natürlich genau daran, dass sie eben nicht betroffen sind."[26]

Und – zur Unterstreichung der harten Realität halber – noch das folgende Zitat:

„Der Mann (…) braucht dringend eine ‚Abmagerungskur' zur Therapie seines immer gefährlicher werdenden Größenwahns. Außerdem braucht er Einfühlungstraining. Es wird ihm guttun, es im eigenen Gemüt zu erleben, wie es sich **anfühlt**, *mitgemeint* zu sein, sprachlich dem anderen Geschlecht zugezählt zu werden, diesen ständigen Identitätsverlust hinzunehmen. Wir werden ihm immer wieder mütterlich und geduldig versichern, er sei natürlich mitgemeint, eingeschlossen – aber solche Mitteilungen werden höchstens intellektuell verarbeitet, das Gefühl reagiert anders (als Frauen haben wir da unsere Erfahrungen machen können). Und dieses Gefühl muß der Mann erlebt haben, um die Notwendigkeit einer grundlegenden Sprachreform zu begreifen."[27]

----

26 Stefanowitsch 2018, S. 36f., zitiert nach Kotthoff/Nübling (2018), S. 121; Klammersetzungen gemäß der Quelle. Die Verteidigung dieser Haltung widerspricht dem eigenen Anspruch der Autoren, „eine möglichst unparteiliche Position einzunehmen" zu versuchen (vgl. ebd., S. 13). Vgl. auch ebd., S. 104, wo darauf hingewiesen wird, dass „hinter *Professoren* oder *Lesern* (…) sich mindestens ein männlicher Vertreter [befinde], aber nicht zwingend ein weiblicher. Ist keine Frau dabei, dann kippt das GM, ohne dass sich an der Oberfläche etwas ändert, ins spezifische um, was für männliche Rezipienten weder eine Rolle spielt noch bemerkenswert sei, da ihre Referenz in beiden Fällen abgesichert ist (dies entspricht dem Lotto-Vergleich von Pusch, bei dem Männer immer gewinnen)."

27 Pusch (1990), S. 100. Fett- und Kursivdruck gemäß dem Original.

Müßig scheint es mir zu sagen, dass ich das Gefühl *eben nicht* erlebt haben muss, um als *Mensch und auf Augenhöhe mitreden zu dürfen.*[28] Dieser hier nicht zu leugnende Sachverhalt der misandrischen Diskriminierung, mag man's wahrhaben oder nicht, ist letztlich auf das schlichte *Haben eines Penis* zurückzuführen. Offensichtlich und irrsinnig polemisch ist dies der Fall, wenn „[e]inige von der ‚Neuen-Weiblichkeits-Fraktion' meinen", wie Luise F. Pusch im Rahmen ihres Programms einer Totalen Feminisierung der deutschen Männersprache zitiert, dass „das Femininum (…) ‚echt zu schade' [sei], um damit ‚Schwanzträger' zu bezeichnen."[29] Weshalb aber nun gerade die *genitale Sichtbarkeit* der (in der Regel als weiblich oder männlich geltenden) Genitalien, das heißt konkreter die gesellschaftliche Akzeptanz öffentlichen Nacktseins, eine entscheidende Rolle für das Verständnis des angeblich notwendigen Genderlinguistik-Diskurses und ferner auch für die Überwindung unseres sexistischen und patriarchal ausgestalteten politischen Systems spielt, habe ich in meiner Schrift *Die Objektität des Bewusstseins* ausführlich dargelegt. Denn dass diese Frage nicht gesehen, geschweige denn gar nicht erst gestellt wird, ist der blinde Fleck innerhalb unserer nackttabulichen Kultursprachlichkeit. Dieser blinde Fleck ist die Vorbedingung dafür, dass ein konstruktiver und gewinnbringender Diskurs verhindert wird: Wir glauben aufgrund der Erfahrung unserer biologischen genitalleibli-

....

28 Vgl. dazu Wolfstädter (2021), S. 381f.

29 Ebd., S. 95; vgl. auch Payr (2021), S. 64ff. Payr (ebd., S. 65) legt das Zitat fälschlicherweise Pusch in den Mund. Tatsächlich beklagt sie aber die Meinung derjenigen Frauen, deren Fähigkeit, die eigene krasse Benachteiligung zu erkennen, völlig unterentwickelt sei, sodass sie nicht für die „Totale Feminisierung" bereit seien (vgl. Pusch, 1990, S. 93ff.). Allerdings meint sie selbst, dass dieser Einwand ernst zu nehmen sei (siehe ebd., S. 98).

chen Separativität, eine geschlechtliche Identität zu haben, die *sprachlich* zum Ausdruck gebracht werden könne bzw. müsse; wir glauben in Anbetracht des sexuell geführten Patriarchats unserer Kultur, dass diese mit gendersprachlichen Mitteln dehierarchisiert oder treffender gesagt: dephallozentriert werden müsse, sprich: dass eine Gleichbehandlung durch explizite *Mitnennung* nicht-männlicher Menschen und nicht nur durch ihr *Mitmeinen* zu erreichen sei.[30]

Da nimmt es nicht Wunder, dass die feministische Sprachkritik oder schlicht jene, die das Gendern zumindest für befürwortenswert erachten, die Notwendigkeit einer Regelung sehen, „wie kommunikative Akteure in der Schriftsprache ausnahmslos sichtbar gemacht werden können", da es ein Gebot der Fairness sei, Geschlechtsdiversität walten zu lassen.[31] „Gerade wenn kommunikative Resonanz zu einem Problem wird", so Gerd Antos weiter, „gibt es zwei bekannte Reaktionsweisen darauf: Die einen zeigen sich als stolze Sturköpfe, DogmatikerInnen, flüchten sich in Ausflüchte oder quittieren das Problem mit Götz von Berlichingen. Extremformen davon wären wie bei Don Quijote und dem klamottensüchtigen Kaiser der Rückzug in eigene Welten, in Selbstverzauberung oder gar in Wahn."[32] Das ist grosso modo wahr gesprochen: Die Sexuallinguistik, also der feste Glaube an die Möglichkeit und Notwendigkeit, Geschlechtsidentitäten durch Sprache sichtbar zu machen, um sie auf diese Weise der ja durchaus realen patriarchalen Hier-

---

30 Vgl. ebd., S. IX. In Wolfstädter (2021, S. 205ff.) lege ich dar, dass die sprachlich bemühte Sichtbarmachung der Identität von der verschämten Verhüllung des kultürlich gewählten Äquivalenzobjekts abhängt – in unserer Kultur also die Genitalscham die gendergerechte Sprache bedingt.

31 Siehe und vgl. Antos (2021), S. 18f., 292.

32 Ebd., S. 153f.

archie sexueller Politik entreißen zu können, ist *causa sui* ein Wahn selbst gebauter Lust- und Luftschlösser! „Die andere Reaktionsweise", so heißt es weiter, „fragt nach den Worten: Was wurde eigentlich wirklich gesagt? Was von wem geschrieben?"[33] Der letzteren Reaktionsweise fühle ich mich verpflichtet, und ihr werde ich weiter unten konkret nachkommen.

* ♀ * ♂ *

Mit einem Bild zum Ausdruck gebracht, stellt sich unser Sprechen im landläufigen Diskurs über Sex und Gender bzw. Genus und Geschlecht, also über die Dichotomie der „natürlich" gewachsenen Spezifika der biologischen oder sprachlichen Geschlechtlichkeit mit der *kultürlich* konstruierten Subjektivität der Geschlechtsidentität, folgendermaßen dar:

> Es erscheint eine am gesamten Körper textil verhüllte Person – außer an Vulva oder Penis: oder bezeichnenderweise an deren bislang nicht in Erscheinung getretenen Devianzen.

Dieses Bild bezeugt und karikiert den vorherrschenden Drang, die politische wie moralische Gleichstellung der *Geschlechter* mittels *general*sprachlicher Sichtbarmachung der *genital*fokussierten Identitätsbestimmung zu erwirken. Sprich: Als Menschen erkennen wir uns zwar alle … *irgendwie*. Unsere (binär aufgefasste) Genitalität in Form von Penis und Vulva als Letzt-

---

33 Ebd., S. 154.

bewährung der Geschlechterdualität[34] bzw. Geschlechtszugehörigkeit aber soll doch bitte verschiedene Identitäten begründen, die sich im gesprochenen oder geschriebenen Wort wiederfinden. Tatsächlich sind wir in unserem sprachlichen Empfinden und Ausdruck auch nicht mehr allzu weit davon entfernt, bald wie selbstverständlich von *Mensch*innen* zu sprechen …

Das vorgestellte Bild konterkariert den Rahmen des Unbehagens der Geschlechter (Butler) innerhalb des Unbehagens in der Kultur (Freud), in der – anders als im gegebenen Bild ausgemalt – die Genitalien in der Öffentlichkeit verhüllt sein müssen und der Rest des Körpers durchaus sichtbar sein kann und darf – oder muss?[35] So besteht die Logik und Ideologie einer die Geschlechtsidentität berücksichtigenden Sprache in dem Versuch, *den im tiefen Grund der Scham basierenden Glauben an Geschlechtsidentitäten sprachlich zur Geltung zu bringen*. Während der besagte Grund im Verborgenen bleibt, soll die im patriarchal vorherrschenden System unterdrückte und diskriminierte insbesondere weibliche Identität mindestens zur Gleichstellung gebracht werden. Die ungewöhnlich exponierten Genitalien unseres Bildes bezeugen also den blinden Fleck im herumirrenden Streiten um den Sinn und Unsinn

---

34 Die Genitalien gelten demnach als das „‚eigentlich Ausschlaggebende' (…) im Sinne einer Letztbewährung", so Tyrell (1986, S. 463). König (1990, S. 227), nimmt darauf Bezug, indem er anmerkt: „Sicherlich funktioniert diese Dualität auch ohne diesen letzten Augenschein, doch die gerade mit dem Körper so eng verbundene Frage der geschlechtsspezifischen Identität findet hier einen sinnlich wahrnehmbaren Ausdruck."

35 Sonderbar ist, das möchte ich hier erwähnen, dass der Verweis auf die Ästhetik in aller Regel immer nur im Falle unverhüllter Genitalien bemüht wird, während in Bezug auf die anderen neunundneunzig Komma acht Prozent des Körpers dieses verquer bemühte und vermeintliche Recht auf Ästhetik keine Rolle zu spielen scheint …

der gegenderten Sprache und verweisen auf „die Gefahr der Nichtbeachtung all dessen, was nicht genau in das traditionelle System paßt."[36] Denn das inzwischen doch recht wirr geführte und zum verbissenen Kampf ausgeartete Für und Wider der Genderlinguistik steht doch ganz im Zeichen eines *sexualen* Sprachverständnisses – ganz so, *als wüsste man nicht*, dass kein biogenitaler Bezug oder keine korrelative Verbindung zwischen Sprache und genitaler Geschlechtlichkeit besteht.

Der eigentliche Irrtum im gegenwärtigen Diskurs und die auf ihn zurückzuführende Stagnation und Verhärtung der Fronten unter den Verfechtern und Gegnern des gendergerechten Sprechens liegt in der bislang noch nicht diskutierten Annahme, dass unter Verwendung des *vermeintlich* existierenden sogenannten generischen Maskulinums der Mann *gemeint* und die Frau (nur) *mit*gemeint sei. Diese Annahme ist nicht nur eine landläufige. Sie besteht auch in der sprachwissenschaftlichen Forschung, sodass es eigentlich nicht verwundern kann, dass die öffentliche Diskussion zum Krieg der Geschlechtsidentitäten, ja sprichwörtlich zum *Krieg der Gendersterne* verkommt: Auf dem Schlachtfeld der seit knapp fünf Jahrzehnten währenden Auseinandersetzungen sehen sich Männer mit ihren mit einem maskulinen Genus behafteten und damit immer schon (nur) *sie selbst* privilegierenden Personenbezeichnungen Frauen gegenüber, die sich das nicht mehr gefallen lassen. Mit einem Wort: Der gesamtgesellschaftliche Diskurs und das mit ihm verfolgte Ziel der Gleichstellung der Geschlechter wird auf dem Boden sowohl eines blinden Flecks, der die Relevanz der Akzeptanz öffentlicher Nacktheit betrifft, als auch im Rahmen des

---

36 Wurmser (2017), S. 8.

Glaubens an das Genus-Sexus-Prinzip[37] geführt. Das wiederum ist insgesamt die Vorbedingung des Glaubens, dass überhaupt etwas, sprich hier die Geschlechtsidentitäten, gleichstellender Maßnahmen bedürfe. Mit George Edward Moores Worten auf den Punkt gebracht:

> „Mir scheint, daß in der Ethik wie in allen übrigen philosophischen Untersuchungen die Schwierigkeiten und Meinungsverschiedenheiten, an denen ihre Geschichte reich ist, im wesentlichen eine sehr einfache Ursache haben; nämlich den Versuch, Fragen zu beantworten, ohne vorher genau herauszufinden, was für eine Frage es ist, die man beantworten möchte."[38]

Was also ist die eigentliche Frage, die es in Bezug auf die genderlinguistischen Ziele in der feministisch motivierten Sprachkritik zu beantworten gilt? Sie lässt sich durchaus stellen, wenn wir bereit sind zu ergründen, was das denn für eine mit dem sogenannten generischen Maskulinum vermeintlich verwobene phallusbezogene Identität ist, die mit anderen Korrelaten penisdevianter Identitäten im Schein und Bann des (feministischen) Genus-Sexus-Prinzips sprachlich gleichgestellt, polemisch gesprochen vom patriarchalen Thron gestoßen werden soll? Auf die *leiblichen* Merkmale dieser vermeintlich letztbewährenden Sexualdifferenzen in der Identitätsbestimmung scheint ja niemand so recht schauen zu wollen, auch wenn sie das Pars-pro-

---

37 Siehe dazu Kotthoff/Nübling (2018), S. 72ff.
38 Moore (1970), S. 3.

toto[39] im Bau der sprachlichen Identitätsschlösser sind. So sind es doch in der Regel, es sei nochmals an das oben skizzierte Bild erinnert, *der Penis oder die Vulva*, die eine Person in letzter Bestimmungsinstanz kultürlicher Konventionen einen *Philosophen* beziehungsweise eine *Philosophin* sein lassen, während es in der öffentlichen Repräsentation jener Bestimmungsinstanz die sekundären Geschlechtsmerkmale sind, die die textil verhüllte, genitale, sprich endgültige Bestimmungsinstanz letztlich *nur als die sexistisch unterstellte Vermutung wirkmächtig* sein lässt.

Worauf diese Ausführung hinausläuft: Lässt die Menschen ihr leibliches *Genital* ein Philosoph (m.) oder eine Philosophin (f.) sein oder ist es nur das naturalistische Geschlechtskorrelat in der Möglichkeit seiner Funktion kultürlicher Zuschreibungen des subjektivistischen Philosoph:in-Seins? Es ist eben diese Frage, die es herauszufinden und explizit zu machen gilt, bevor das Für und Wider der sogenannten gendergerechten Sprache diskutiert und auch nur dann konstruktiv und gewinnbringend beantwortet werden kann. Zugleich ist es aber die reaktionsbildende Scham vor der Exponierung dieser genitalfokussierten Frage, die sie im blinden Fleck hält, das geschlechtliche Unbehagen in der Sprache heraufbeschwört und es zugleich negativ befeuert. Denn wenn es nicht so ist, wie doch der gängige und feste Glaube postuliert, dass nämlich die konkreten leiblichen Genitalien letztlich der ausschlaggebende Grund für die gendersprachlichen Bemühungen sind, Gleichheit unter den Geschlechtern herzustellen, dann muss ich in sprachwissen-

---

39 Wurmser (2017, S. 9) spricht im Allgemeinen von der Gefahr eines Pars-pro-toto-Fehlschlusses, der „einen wichtigen Aspekt des inneren Lebens herausgreift und ihn zum Mittelpunkt macht."

schaftlicher Hinsicht auch dann und wann als ein *Philosoph* bezeichnet werden können und dürfen, *wenn ich einen Uterus und eine Vulva habe*. Indessen steht die Scham, die davon abhält, die hier herausgestellte Frage zu fokussieren, vor der Herausforderung einer Dekonstruktion ihrer kultürlichen Wirkmächtigkeit.

* ♂ * ♀ *

Der jahrzehntelang genährte Stolz feministischen Kampfes mag nun manch einen Verfechter der die Geschlechtsidentität berücksichtigenden Sprache empörend und siegessicher die Frage einwerfen lassen, warum ich vor dem Hintergrund des dargelegten Sachverhalts denn nicht vorbringe, dass ich mit Prostata und Penis doch auch eine Philosoph*in* sein könne,[40] wenn die Genitalien, wie ich behaupte, keine letztbewährenden Bestimmungsgründe einer geschlechtsidentitären Sprachlichkeit sind. Dieser Einwand scheint auf den ersten Blick berechtigt zu sein (und Judith Butler hätte wohl keine Einwände gegen ihn). Er ist aber in der Sache falsch, da ja die als generisch bezeichneten Begriffe *gar keine* biogenitale Qualität besitzen, weder eine essenzielle noch – in Absehung sozialkultürlicher Setzungen – eine korrelative.[41] Genau dieser Sachverhalt bedeutet nun, dass

---

40 Hier wird beflissentlich ignoriert, dass das Movierungssuffix „-in" prinzipiell die Funktion hat, die mit ver*in*suffixialisierten Wörtern bezeichneten Personen als eindeutig uteral zu kennzeichnen.

41 Vgl. dazu Payr (2021, S. 49), der dort, wie viele andere Kritiker der gendergerechten Sprache generell auch, darauf verweist, dass „es im Deutschen keine prinzipielle Kongruenz von Genus und Sexus gibt", dann aber doch wieder wie *alle* (!) in diesen Diskurs Involvierten glaubt und propagiert, dass das generische Maskulinum (im Unterschied zu den ver*in*suffixialisierten Begriffen) die Potenz hat, alle Geschlechter (Sexus) inkludieren zu können (vgl. ebd.).

das Genus-Sexus-Prinzip *auch in dem Fall, wenn ich aufgrund meiner Genitalität als Mann wahrgenommen und sprachlich bezeichnet werde*, falsch ist, dass ich also auch kein Philosoph im Sinn des sogenannten *spezifischen* (im Gegensatz zum generischen) Maskulinum bin, wenn ich als Einzelperson so bezeichnet werde.

„Aus feministischer Perspektive hat der Patriarch in jeder maskulinen Sprachform, die generisch verwendet wird, seinen Fußabdruck hinterlassen. Das ist eine Fehlinterpretation sprachlicher Zeichen. So wie Schönheit im Auge des Betrachters liegt, liegt der ‚patriarchalische Charakter des Deutschen' im Auge dessen, der sich der Sprache voreingenommen nähert und in ihr stets nur das findet, was er sucht. Wer die sozialen Verhältnisse als Patriarchat erlebt, wird dessen Manifestation auch in der Sprache entdecken. Das ist aber eher ein Phänomen der Wahrnehmung als ein Problem der Sprache."[42]

Erinnernd an die oben genannte Selbsttäuschung, die auch innerhalb der Sprachwissenschaft erfolgreich selbstverzauberte Geschlechtsidentitäten installiert, sei zur Abrundung der in genitalepistemischer Hinsicht schwer zu fassenden Problemstellung ein Zitat zum „Verhältnis zwischen Sprache und ‚Wirklichkeit'"[43] leicht variiert wiedergegeben, indem ich an die abzuwandelnde Stelle einen Index in eckigen Klammern setze:

---

42 Payr (2021), S. 50.
43 Kotthoff/Nübling (2018), S. 19.

„[D]ie Sprache_[Mein Genital] prägt und präformiert (…) als Sediment früherer Diskurse unsere Wahrnehmung (und damit auch die Wirklichkeit). Sie_[Es] determiniert sie aber nicht; sonst wäre Sprachwandel_[die feministische Sprachkritik] (der_[die] permanent stattfindet) kaum denkbar."[44]

....
44 Ebd.

1 Der Grundirrtum des Genus-Sexus-Prinzips

> „Sie schämte sich für ihre naive Vorstellung, sie könne das, was sie in der Uni von den Philosophen gelernt hatte
> – das, worauf diese immer wieder pochen –,
> auf dem Nachhauseweg gleich einmal in die Tat umsetzen …"[45]

Niemand scheint zu bemerken, geschweige denn es zu beherzigen, dass im Lichte des vorherrschenden landläufigen Gebrauchs der Sprache *zweimal* auf die Menschen Bezug genommen wird, die dem als *weiblich* geltenden Geschlecht zugeordnet werden, auf jene, die dem als *männlich* geltenden Geschlecht zugeordnet werden, hingegen *überhaupt nicht*.[46] Denn im Sinne des vorherrschenden Glaubens der sprachlichen Sexualkonnotation mit den genitalen Letztbewährungsmerkmalen des Menschen wird der Begriff – so beispielsweise wenn ich als Penis-Habender mit dem Begriff *Philosoph* als Mann aufgefasst werde – im Falle von Vulva habenden Menschen mit dem Sexualkonnotationssuffix „-in" versehen. Auf diese Weise, so das gendersprachliche Kalkül, soll die als weiblich gedachte

....

45 Wolfstädter (2021), S. 341.
46 Vgl. Eisenberg (2020a), S. 18: „Der Ausdruck *Bäckerinnen und Bäcker* ist insofern sprachlich problematisch, als die weiblichen Mitglieder des Berufsstandes zweimal, die männlichen einmal genannt werden." Dagegen: „Nein, Frauen sind nicht mitgemeint, sondern als Gruppe gar nicht gemeint, ebenso wie Männer gar nicht gemeint sind" (Eisenberg 2020b, S. 25).

Geschlechtsidentität in den Status des bedeutungsvollen Gehalts des Philosoph-Seins gebracht werden. Ich bedaure daher zutiefst, dass ich mich nicht des Habens einer Vulva, eines Uterus und (Muttermilch spendender) Brüste erfreuen darf, weil es mir damit möglich wäre, vor dem Hintergrund des geführten gendersprachlichen Diskurses in der Intension des mit dem Begriff Gemeinten bewusst und absichtlich provozierend darauf zu bestehen, mich doch bitte als *Philosoph* zu bezeichnen – ganz so, wie es Sahra Wagenknecht gerne unbescholten täte:

> „Wenn ich irgendwo sage: Ich bin Ökonom, dann belehren mich bevorzugt Männer, dass ich doch bitteschön sagen soll, ich sei Ökonomin. Ich empfinde das als Frechheit. Ökonom beschreibt eine bestimmte Ausbildung, eine Kompetenz. Ich verstehe nicht, wieso das differenziert werden soll nach Frau oder Mann. Es gibt ja auch keinen speziellen Begriff für einen homo- oder heterosexuellen Ökonomen. Oder für einen mit Migrationshintergrund."[47]

So bin ich schließlich kein *Philosoph*, weil ich einen Penis und keinen Uterus habe, sondern weil ich unabhängig von diesen Akzidenzien in der administrativen Funktion oder Ausübung des Philosophierens stehe.[48]

Zweimal genannt werden Menschen mit Uterus im Sprechen von Philosophen und Philosophinnen: einmal im Sinne des eigentlichen Begriffs, sprich seiner genitalunabhängigen Bedeutung in der eigentlichen Intension des Gemeinten, sowie

---

47 Unfried (2021).
48 Vgl. dazu Wolfstädter (2021), S. 146.

ein weiteres Mal mit dem das genitalrekurrierende Frau-Sein zum Ausdruck bringende Sexualkonnotationssuffix „-in". Da nun aber bei der Rede von Philosophen gemeinhin unterstellt und fest daran geglaubt wird, dass der (eigentlich nur generalmarkierte) Begriff das genitalrekurrierende Mann-Sein zum Ausdruck bringt, wird der kultürlich gedachte Mann sprachwissenschaftlich gesehen *gar nicht* genannt: Insofern der Begriff des Philosophen im Sinne seines bedeutungsvollen Gehaltes der gemeinten administrativen Funktion – also jener, die ein Mensch, dem der Begriff zugedacht wird, ausübt – biogeschlechtliche Neutralität aufweist, müsste der männliche Philosoph zuallererst ein Sexualkonnotationssuffix erhalten, um in der Logik der Genderideologie überhaupt zum Ausdruck gebracht werden zu können. Der männliche Philosoph wird zwar landläufig (mit-)gedacht, aber de facto nicht genannt, weil der Mann im mit dem maskulinen Genus behafteten Begriff zwar landläufig gemeint, in sprachwissenschaftlicher Perspektive aber nicht in ihm enthalten sein kann. Die Genderfloskel bedarf daher einer Ergänzung, die ebenso wie bei Frauen auch bei Männern den ursprünglichen Begriff sexualversuffixiert. In der Logik und Ideologie der gendergerechten Sprache müsste somit eigentlich – unter Vernachlässigung oder gar Leugnung des bedeutungsvollen Begriffs – von „Philosophinnen und Philosoph*ern*" die Rede sein.[49]

Es stünde also nichts im Wege, den kultürlichen Spieß umzudrehen, indem man in der landläufigen Sprachauffassung die Frauen mit der Nennung des bedeutungsvollen Begriffs meint und die Männer (nur) *mit*meint, also ebenso gut von *Philo-*

---

49 Vgl. Wolfstädter (2021), S. 239 und Joe (2022), 00:18:57 Std.

sophen [+weiblich] *und Philosophern* [–weiblich][50] die Rede sein könnte.[51] Das aber wäre der gleiche Unsinn wie die vorherrschende Redeweise, in der ja nicht nur die Frauen nicht (nur) mitgemeint sind, sondern auch die Männer gar nicht gemeint sind. Dass sich der gegenteilige Glaube des Meinens und *Mit*meinens gesamtgesellschaftlich phallozentrifiziert hat, legitimiert nicht die Aushebelung der Wissenschaft. Oder aber *man(n)/frau* denkt polemisch in der Kategorie der feministischen Sprachkritik, um den Männern vorhalten zu können, beim Gendersternchenkrieg bisher zu dumm gewesen zu sein, nicht analog zu Puschs „Totaler Feminisierung"[52] die „Totale Maskulisierung" angestrebt zu haben.

So weiß Bußmann nicht, wie recht sie mit der Feststellung hat, dass „[n]icht das ‚generische' Maskulinum an sich (…) sexistisch [ist], sondern seine unreflektierte diskriminierende Verwendung und ihre patriarchalisch anmaßende Rechtfertigung durch die ‚Meistererzählungen' der Grammatiker

---

50 Die sogenannte Markiertheitstheorie – die ich hier von den Füßen auf den Kopf stelle – besagt, dass das in allgemeinerer Bedeutung Vorhandene [+ männlich] sprachlich unmarkiert zum Ausdruck kommt (sprich *Philosoph*), während dessen Negation oder Abweichung [– männlich] dagegen eine Markierung erhält (sprich Philosoph*in*). Siehe dazu Bußmann (1995), S. 138f.

51 Bußmann (ebd.) führt Corbett (1991, S. 30, 220f.) in einer Fn. mit dem Hinweis an, dass es „zwar unter typologischem Aspekt eine Reihe von afrikanischen und südamerikanischen Sprachen" gebe, „in denen die feminine Form die unspezifische bzw. generische Lesart repräsentiert", stellt dem aber entgegen, dass diese eher marginalen Charakter hätten. Im Kontext der vorliegenden Schrift gilt jedoch das *Dass-es-möglich-ist*, sodass die kultürliche Möglichkeit in summa relevant, die Häufigkeit ihrer Möglichkeit hingegen unerheblich ist.

52 Pusch (1990), S. 95. Vgl. auch oben Fn. 29 und dazugehörenden Fließtext.

(‚Grammatiker' hier in nicht-generischer Lesart verwendet)".[53] Sie weiß es nicht, weil sie diese Feststellung selbst im Rahmen und im Bann der gegebenen Kultursprachlichkeit gewinnt: „Solange maskuline – wenngleich generisch ‚gemeinte' – Bezeichnungen und männliche Referenz in vielen sozial ungleichen Kontexten zugunsten des Mannes zusammenfallen (und Frauen unter dem maskulinen Pseudonym – je nach Umständen – sich mitgemeint fühlen oder auch nicht, nämlich genau dann, wenn es um männliche Privilegien geht),[54] ist die (männliche) Behauptung, das ‚generische' Maskulinum sei ein geschlechtsunspezifischer Oberbegriff, eine wissenschaftliche Fiktion."[55] *So ruft sie denn auch nicht dazu auf, das sogenannte generische Maskulinum nicht sexistisch zu verstehen und es nicht sexuallinguistisch zu missbrauchen. Denn das würde nicht die Wissenschaft sondern vielmehr die nackttabuliche Kultursprache infrage stellen!* Ich führe hier deshalb ein etwas längeres Zitat von Bußmann an, weil es schlichtweg falsch ist und zugleich die Meinung und Haltung der feministischen Sprachkritik repräsentiert, die daraus ihre ideologische Forderung generiert, Frauen (bzw. jedwedes kultürliche Geschlecht) sprachlich zu berücksichtigen:

„Das Fehlen eines unpersönlichen Genus zur Bezeichnung gemischter Gruppen wurde vermutlich nur deshalb bislang nicht als ‚Leerstelle' im System diagnostiziert, weil das sprachliche System die männliche Priorität im Alltag adäquat widerspiegelt. Alle Sprecherinnen und

....

53 Bußmann (1995), S. 144.
54 Vgl. Zitat zu Fn. 24.
55 Bußmann (1995), S. 143f.

Sprecher können sich an der Suche nach einer sozialverträglichen Lösung beteiligen, die grammatisch korrekt, sprechbar, ökonomisch, eindeutig, dem Sprachgefühl entsprechend und die Sprachästhetik nicht allzu sehr verletzend ist; das bedeutet: ein Gleichgewicht finden zwischen linguistischer Redlichkeit und weiblicher Parteilichkeit. Wo Mißverständnisse, Irreführungen oder gar Verfälschungen als Interpretation möglich sind, sollte – gemäß den GRICEschen Konversationsmaximen – eine explizite Differenzierung Vorrang haben vor Prinzipien der sprachlichen Ökonomie oder Ästhetik. In *Politik* und *Wirtschaft*, die auf das weibliche Potential angewiesen sind, zeigt dieser Lernprozeß bereits deutliche Spuren. Anders in der *Juristerei*, deren Vertreter[56] trotz entgegengesetzter Evidenzen (die durch die zahlreichen Sondervorschriften für Frauen im jeweils historischen Kontext offenkundig sind) noch immer auf der durch Tradition sanktionierten ‚generischen' Lesart zu beharren versuchen. Auch in der Theologie erzeugt eine ebenso fundierte wie engagierte feministische Sprachkritik mehr Verunsicherung und Mißtrauen als Einsicht und Bereitschaft, an der gesellschaftlich gebotenen Notwendigkeit einer ‚Entpatriarchalisierung' der biblischen Sprache konstruktiv mitzuwirken."[57]

Der Glaube, das „Fehlen eines unpersönlichen Genus zur Bezeichnung gemischter Gruppen" als eine Leerstelle diagnostizieren zu müssen, zwingt die Verfechter der Genderlinguistik

---

56 Hier findet der Begriff wohl seine sexistische Lesart.
57 Bußmann (1995), S. 144.

zur Suche nach dem heiligen Gral: eine Sprache zu kreieren, „die grammatisch korrekt, sprechbar, ökonomisch, eindeutig, dem Sprachgefühl entsprechend und die Sprachästhetik nicht allzu sehr verletzend ist". *Ich halte das für unmöglich*, auch wenn unter gutgemeinter Einbindung der Bemühungen aller „Sprecherinnen und Sprecher" eine abenteuerliche wie gemeinschaftsstiftende Sinngebung suggeriert wird – möglich hingegen ist es aber durchaus, das Gesuchte zu finden; nämlich dann, wenn „frau" die Suche aufgibt.[58]

Es bleibt daher nur übrig, sich (wieder) auf die bedeutungsvolle Qualität der schlicht generalmarkierten Begriffe zu konzentrieren und zu begreifen, dass der Genus-Sexus-Nexus ein *kultursprachliches Konstrukt* ist, keine sprachwissenschaftlich beschreibbare Realität, die der Sprache als solcher zuschreibbar wäre. Die Frage, „[ob] und inwieweit sich das sinnvolle und notwendige Gendern durchsetzen wird, hängt" – *also nicht* (ich interveniere hier im Zitat) – „davon ab, wie es für alle standardisiert und damit verbindlich gemacht werden kann."[59] Ich bin *Philosoph (!)* und heiße Ulrich Wolfstädter – oder auch Ulrike! Jedenfalls werde ich im Folgenden dem Glauben an das Genus-Sexus-Prinzip genderaffiner Sprachkritiker den Garaus machen.

Unsinnig, ja ein Zeichen anhaltender Uneinsichtigkeit wäre es also, wenn ich, durchaus mit Fug und Recht im Rahmen des kultürlich geprägten Sprachverständnisses, in emanzipatorischer Absicht darauf bestünde, Philosoph*er* zu sein. Nein, ich bin *Philosoph* – zwar durchaus einer mit Penis, aber für dieses Akzidenzium kann ich ja nichts (und ich werde, beim Teufel,

---

58 So die frustrierende Suche Puschs; siehe oben das Zitat, S. 17f.
59 Antos (2021), S. 292.

nichts daran ändern)[60]. Statt solcher Forderungen werde ich daher im Sinne des bedeutungsvollen Gehalts des Begriffs vielmehr versuchen, die Unsinnigkeit des Kriegs der Gendersterne darzustellen. Dazu bedarf es keiner künstlichen gezielten Produktion erkenntnisauslösender Fehlleistungen, an denen wir als Gegenbild zum Richtigen lernen können (wie Pusch sich aber gezwungen sieht, als *Linguistin* gerade dies tun zu müssen)[61]. Als *Nudist* ist es ohne derlei gezielte Kunstkniffe möglich, die im Übermaß vorhandenen erkenntnisauslösenden Fehlleistungen der gendergerechten Sprache als Gegenbild dem Richtigen, das heißt der Sprache als solcher, gegenüberzustellen.

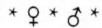

* ♀ * ♂ *

---

60 Aber nicht etwa, weil mir Brüste und Vulva nicht recht wären, sondern weil ich Angst vor der OP habe.
61 Vgl. Pusch (1990), S. 12. Ein solch gezielter, „sinnreicher" Regelverstoß, wie Pusch (ebd.) meint, wäre beispielsweise das das Indefinitpronomen *man* ersetzende *frau*, wie es bei Pusch in diesem Sinne seine (?) Verwendung findet. Dazu sei angemerkt, dass im Indefinitpronomen „man" definitiv kein Mann steckt. Dennoch wird landläufig und in gendersensibler Absicht entgegen jeglicher grammatischen Begründbarkeit ein *frau* dem *man* zur Seite bzw. gegenübergestellt, unerträglich oft beispielsweise in Antos (2021). Puschs vor gut dreißig Jahren erklärtes Ziel, ihre „‚ungrammatischen' Erfindungen (…) beim Sprechen und Schreiben bewußt und so oft wie möglich ein[zusetzen] mit dem Ziel, sie als grammatisch zu etablieren und die alten frauenfeindlichen Gesetzmäßigkeiten allmählich in den Status der ‚Abweichungen' übergehen zu lassen" (Pusch 1990, S. 13), ist gefährlich weit gediehen. Es fragt sich nur, warum Frau Pusch den Widerspruch nicht bemerkt, wenn sie als „feministische Linguistin (…) einen Teil dieser ‚verborgenen Gesetzmäßigkeiten' (…) (nämlich die geronnenen Sexismen) ab[lehnt]" (ebd.), womit sie das besagte Ansinnen einleitet. Ist denn die Polemik ihrer Totalen Feminisierung etwa kein Sexismus?

„Der, die, das
wer, wie, was?
wieso, weshalb, warum?
wer [oder wer*er*, wer*ie* (U. W.)] nicht fragt, bleibt dumm."[62]

Über den Wahrheitsgehalt dieses bekannten Liedes der *Sesamstraße* besteht gesamtgesellschaftliche Einigkeit, ja es scheint ein Gefühl der intellektuellen Erhabenheit über die Klarheit seiner inhaltlichen Aussage zu bestehen. Und doch steckt geradewegs in diesen Zeilen das irrwitzige Paradoxon, das der genitalbezogenen Sprache ihre Logik nimmt. Nieman(n)d und Niefraud – um den künstlichen und gezielten Regelverstoß aufs Korn zu nehmen – kümmert sich aber darum. Sprachwissenschaft? – Interessiert nicht! Wahrheit? – Braucht es nicht! *Werer oder Werie* fragt in seiner – oder: *ihrer*, wie es allenthalben so schlecht heißt und beigefügt wird – Überzeugtheit schon danach, was es mit dem „Der, die, das" auf sich hat?! Die Selbstverzauberung im Bann der sprachlichen Identitätsideologie scheint vielversprechender, denn „der höchste Wert des (…) Menschen [ist] nicht die Befriedigung durch ein gutes Gewissen, sondern die Freude an (…) der öffentlichen Achtung … Und die stärkste moralische Macht, die der (…) Mensch kennt, ist nicht die Furcht vor Gott, sondern der Respekt für die öffentliche Meinung".[63]

Im Jahr 2019 hatte der Wissenschaftsjournalist Mai Thi Nguyen-Kim noch den Mut, sich selbst als Chemiker zu bezeichnen.[64] Heute aber, seitdem ungefähr seit 2020/2021 auch in den öffentlich-rechtlichen Medien die Sexualidentitätslingu-

---

62 Titelsong aus der *Sesamstraße*.
63 Wurmser (2017), S. 111.
64 So in der *Zeit* vom 07.03.2019, S. 55.

istik fast ausnahmslos zum Besten gegeben wird, scheint ihr[65] Mut offenbar gebrochen: In ihrer populärwissenschaftlichen Sendung *Maithink X* des ZDF Neo erklärt sie in der ersten Folge, wie man gute Studien von schlechten Studien unterscheide. Wissenschaftliche Ergebnisse, so heißt es dort, sagten wenig aus, solange man nicht wisse, wie sie entstanden sind.[66] Schön und gut. Allerdings hebelt offenbar auch bei Nguyen-Kim der Respekt für die öffentliche Meinung die wissenschaftliche Expertise aus, wenn es um die Frage der Wissenschaftlichkeit geht.[67] So etwas zeigt sich auch, wenn in der Sendung *Leschs Kosmos* ihr ZDF-Kollege Harald Lesch *lediglich das Ergebnis* einer angeblich wissenschaftlichen Studie zur Wirkung und Funktion des sogenannten generischen Maskulinum vorträgt, nicht aber, *wie* das aus der Studie gewonnene Ergebnis, dass das maskuline Genus männliche Personenbilder provoziere und weibliche unterdrücke, *zustande kam* – und er so die Berech-

---

65 Das Personalpronomen bezieht sich hier auf „Mai Thi Nguyen-Kim", also auf das Subjekt bzw. ihren Namen, nicht auf die Apposition „Wissenschaftsjournalist".

66 Nguyen-Kim (2021a), 00:13:30 Std.

67 In ihrem YouTube-Kanal MaiLab legt sie in einem Videobeitrag ihre Sprachauffassung dar, dass sie zwar das Geschlecht von mit Begriffen bezeichneten Personen nicht mitdenke, aber das Empfinden des sprachlichen Empfängers respektiere: „Wer nicht dazu bereit ist, sich in sein Publikum hineinzuversetzen, der kann kein guter Kommunikator oder keine gute Kommunikatorin sein. Würde ich die Sorgen meiner ZuschauerInnen nicht ernst nehmen, und mit jedem ‚Wissenschaftler', ‚Chemiker' und ‚Physiker' Mädchen und Frauen ausschließen, die dadurch subtil den Eindruck bekommen, Wissenschaftler seien meistens Männer, dann wäre das sehr, sehr schade" (Nguyen-Kim 2018). Dieser Auffassung ist entgegenzuhalten, dass sie sich insbesondere auch *in dieser Frage* an die Wissenschaft halten sollte, wenn sie ihr Publikum tatsächlich ernst nimmt. Zumal diese Rücksichtnahme durch die Wissenschaft gar nicht legitimiert ist, wie ich weiter unten, S. 52f., noch belegen werde.

tigung, das Gendern als eine bloße Ideologie zu bezeichnen, vermeintlich erfolgreich zu widerlegen scheint.[68]

Wird also in einer populären Wissenschaftssendung lediglich vor dem Hintergrund von Ergebnissen Wissenschaftsjournalismus betrieben und zudem darauf abhebend nur auf die angeblichen Auswirkungen dieses Befundes in Gesellschaft und Politik eingegangen, dann hat das mit seriöser Wissenschaft bzw. mit redlichem Wissenschaftsjournalismus nichts zu tun: In der besagten Sendung stützt sich Lesch auf Studien, die sich mit der „Psychologie des ‚generischen' Maskulinums"[69] beschäftigen, während selbst in der das Gendern befürwortenden wissenschaftlichen Genderlinguistik auf Unklarheiten und Desiderata verwiesen wird (ohne allerdings solchen Studien ernsthaft mangelnde Aussagekraft zu bescheinigen). So heißt es, nachdem eine derartige Studie vorgestellt wurde, die die Reaktionszeit von Versuchspersonen bezüglich der Entscheidung misst, ob es sich bei den im generischen Maskulinum gehaltenen Subjekten, die ihnen in verschiedenen Sätzen vorgelegt werden, um einen Mann oder eine Frau handelt:

> „Die hier ausschließlich im Singular getesteten GM [generische Maskulina, U. W.] haben also eine ausgeprägt männliche Schlagseite. Wenn sie rezipientenseitig zu 85% männlich assoziiert werden und die Kategorie

---

68 Zur Vorstellung der Studien siehe Lesch (2021), 00:04:40–00:06:30 Std. Im direkten Anschluss daran kommentiert er, dass man es schlicht anerkennen müsse: „Es gibt wissenschaftliche Belege dafür, dass es beim Gendern um mehr geht als Ideologie. Eine männlich geprägte Sprache trägt nachweislich zu einem männlich geprägten Blick auf die Gesellschaft bei." Ende 00:06:45 Std.
69 Zur Studie siehe Irmen/Köhncke (1996).

‚Frau' zu 80 % abgelehnt wird, kann man sie nur als pseudoneutral bezeichnen. Damit erledigt sich auch die sog. Fußnotenlösung: ‚Die Rechtfertigung des ‚generischen Meinens', also der Behauptung, das Maskulinum werde dadurch generisch, dass es generisch gemeint sei, wird hierdurch widerlegt' (163)[70]."[71]

Direkt im Anschluss heißt es weiter:

„Allerdings sei nochmals betont, dass hier ausschließlich maskuline (genusoverte) Singulare in Subjektpositionen getestet wurden (*Ein Kellner hat einen anstrengenden Beruf*). Als Kontrast wäre es interessant zu wissen, wie pluralische (genuskoverte) Maskulina in Objektposition interpretiert werden (*Wir geben Kellnern immer Trinkgeld; Wir schätzen aufmerksame Kellner sehr*). Als einzigen Ausweg sehen die Psychologinnen die **Sichtbarmachungsstrategie**, also Verfahren wie die Beidnennung (*Patienten und Patientinnen*) oder die Verwendung des Binnen-I (*PatientInnen*). Wenn Maskulin- und Femininformen immer paarweise auftreten, dann schwinden langfristig die in manchen Maskulina (eher im Plural) enthaltenen Anteile an Geschlechtsneutralität. Dieser Effekt ist den Autorinnen zufolge nicht von Nachteil und schon lange erklärtes Ziel feministischer Sprachpolitik."[72]

---

70 Seitenangabe bezieht sich auf Irmen/Köhncke (1996).
71 Kotthoff/Nübling (2018), S. 103.
72 Ebd.

Nun ist Kotthoff und Nübling zwar zugute zu halten, dass sie, wenn auch nicht sonderlich vehement, auf den geschlechtsspezifischeren Kontext des generischen Maskulinums verweisen, wenn dieses im Singular seine Verwendung findet.[73] Denn das lässt die Studie nicht sehr aussagekräftig erscheinen. Umso fragwürdiger ist aber, wenn dann dessen ungeachtet schnurstracks auf den Einfluss sprachlicher Formen und die Auswirkungen der kognitiven Verknüpfung zwischen Genus und Geschlecht eingegangen wird.[74] Genau das ist auch die Vorgehensweise von Harald Lesch in der oben genannten Sendung. So scheint es doch recht unwissenschaftlich, sich unter der angeblich wissenschaftlich geführten Genderlinguistik auf sogenannte psycholinguistische Studien zu berufen – Lesch bezieht sich allem Anschein nach auf die Studien von Stahlberg und Sczesny, die ihre Versuchspersonen nach ihrem *Lieblingsromanhelden, dem Lieblingsmaler, -musiker, -sportler etc.* befragten[75] –, die sich auf die Dekontextualisierung des generischen Maskulinums stützen. „Anders gesagt: Verwende ein Maskulinum so, wie man es für eine generische Aussage niemals nutzen würde, und du kannst ‚beweisen', dass es nicht generisch funktioniert."[76] Für ein Beispiel verweist Payr auf eine Studie von Stahlberg und Sczesny, in der die Frage „Wer ist dein Lieblingsschauspieler"[77] präsentiert wird. Dazu erläutert er:

....

73 Siehe ebd., S. 106. Zu dieser Kritik siehe auch Payr (2021), S. 26f.
74 Kotthoff/Nübling (2018), S. 107.
75 Stahlberg/Sczesny (2001). Vorgestellt auch in Kotthoff/Nübling (2018), S. 104ff.; bei Lesch (2021), 00:04:46 Std.
76 Payr (2021), S. 27.
77 Ebd., S. 26f. bzw. Stahlberg/Sczesny (2001).

„Werden auf diese Frage überwiegend Schauspieler genannt, so werten Befürworter des Genderns dies als Beleg dafür, dass generische Maskulina vorrangig die Vorstellung von Männern erzeugen. Allerdings ist diese Frage nicht geeignet, die Untauglichkeit des inklusiven Maskulinums zu demonstrieren. Denn **diese Frage ist keine typische Verwendung des generischen Maskulinums.** Würde man ganz allgemein nach Lieblingsschauspielern fragen, so lautete die korrekte Formulierung ‚Wer/welches sind deine Lieblingsschauspieler' (Frage im Plural!). Im Singular würde man entweder fragen ‚Wer ist deine Lieblingsschauspielerin?' oder ‚Wer ist dein männlicher Lieblingsschauspieler?' Das generische Maskulinum wird bei *allgemeinen* Aussagen verwendet – nicht wenn *konkrete* Personen gemeint sind (wie in der Frage nach dem Lieblingsschauspieler)."[78]

So ist es nicht nur bedauerlich, sondern es untergräbt die Möglichkeit einer bedeutungsvollen Kommunikation in unserer Gesellschaft, wenn Mai Thi Nguyen-Kim heute eine Chemikerin oder eine Wissenschaftsjournalistin ist und kein Chemiker oder Wissenschaftsjournalist.[79] Denn ich selbst bin entgegen

---

78 Payr (2021), S. 27; Fettdruck gemäß dem Original.
79 In einem Zeitungsartikel zur Jubiläumssendung *Wetten, dass…?* mit Thomas Gottschalk, der darin im Hinblick auf das Thema Gendern in seiner typischen Art, mit gesellschaftlich spaltenden Themen lapidar umzugehen, mit „Wetten, der/die/das…?" zitiert wird, heißt es: „Immerhin führte die verlorene Wette dazu, dass der schwangere Superstar Helene Fischer gemeinsam mit Abba auftrat (…)" (Sindlinger 2021). Seltsam, dass man sich der Notwendigkeit der Sprache im ureigenen Moment der Weiblichkeit zu fügen bereit ist, aber anscheinend nicht dazu, Thomas Gottschalk *gemeinsam mit seinem Co-Moderator Michelle Hunziker* die Sendung bestreiten zu lassen.

der gängigen Meinung, die auch Payr in dem eben angeführten Zitat vertritt, der Ansicht, dass das sogenannte generische Maskulinum *auch dann* seine Verwendung finden sollte, wenn *konkrete* Personen gemeint sind – zumindest dann, wenn ich wirklich unabhängig von Nguyen-Kims Geschlechtlichkeit von dieser Person und ihrem Tun sprechen will.

Die feministische Sprachkritik befeuert tautologisch die selbsterfüllende Prophezeiung der generischen Psychosexuallinguistik, wie ich sie einmal nennen möchte. Denn sie nimmt die verräterische Form einer ideologischen Abwehrhandlung an, dass *man* sich partout nicht der Untersuchung des Plurals stellen möchte, sondern dass stattdessen in intuitiv versierter Selbsttäuschung im Wall des schutzbietenden Geschlechtsidentitätsschlosses neue, *nolens volens anders geartete* Studien hervorgerufen werden, die suggerieren (sollen), dass das Experiment nun mit der generischen Lesart des Maskulinums durchgeführt würde. Es erübrigt sich also die Frage, warum in den durchgeführten Studien nicht revidierend schlicht und ergreifend der monierte Singular in den Plural gesetzt wird. Nein, man bedient sich beflissentlich eines raffinierten Kniffs, um die „Frage, ob maskulines Genus die Geschlechtswahrnehmung beeinflusst"[80], doch noch zu einem im Namen der Wissenschaft positiven Abschluss zu bringen. So stellen Kotthoff und Nübling eine Studie von Gygax et al. (2008) vor, bei der, „methodisch besser, (…) das Subjekt des ersten Satzes eine dieser Personenbezeichnungen im Plural [enthält]". Ein zweiter Satz greift eine Teilmenge heraus und geschlechtsspezifiziert sie dabei. Hier zwei Beispiele:

---

80 Kotthoff/Nübling (2018), S. 108.

„Die Professoren machten in der Sonne eine Pause. Eine der Frauen hatte einen Schirm bei sich.

Die Sozialarbeiter liefen durch den Bahnhof. Wegen der schönen Wetterprognose trugen mehrere der Männer keine Jacke."[81]

Ich habe eine solche Studie der sogenannten Psycholinguistik in meiner Schrift *Die Objektität des Bewusstseins* analysiert und ad absurdum geführt.[82] Ich bitte den ungeneigten sowie den geneigten Leser gleichermaßen, sich dieser Analyse anzunehmen, damit ich sie hier nicht nochmals wiedergeben muss und direkt auf die vermeintliche **„enge Verschränkung von Genus und Sexus"**,[83] die sich aus einer derartigen Studie erhärten ließe, wie es bei Kotthoff und Nübling (2018) heißt, eingehen kann.

Jene, die die spezifische Lesart des generischen Maskulinums hervorkehren, gestehen wie oben gesehen zu, dass die Gewöhnung an das Gendern die Geschlechtsneutralität des generischen Maskulinums langfristig schwinden lässt.[84] Damit müssten sie aber auch zugeben, dass früher oder später realiter belegt werden kann, was der performative Sprechakt des öffentlichen Diskurses hervorbringt. Mit Bußmann und in anderen Worten gesagt: „Daß das generische Maskulinum seine Funktion als

---

81 Ebd., S. 109. Nebenbei sei hier die wohl ungewollte Stereotype angemerkt, dass es natürlich die Männer sind, die allein mit der Aussicht auf wärmere Temperaturen keiner Jacke bedürfen.

82 Wolfstädter (2021), S. 224–231.

83 Kotthoff/Nübling (2018), S. 111; Fettdruck gemäß dem Original.

84 Vgl. ebd., S. 103 oder oben im Zitat S. 29.

geschlechtsneutrale Instanz nicht hinreichend erfüllen kann, beruht aber auf tieferen und hartnäckigeren als nur statistischen Mechanismen, die unser Denken prägen und kanalisieren."[85] Hinzu kommt, dass das gendergerechte Sprechen ein kultürlicher Akt im Modus der jüngsten Zeit ist und kein *der Sprache* inhärentes Phänomen, das lediglich bislang unberücksichtigt blieb (und nun endlich zum Ausdruck gebracht werden muss). Würde sie auch das berücksichtigen, wäre es für die feministisch motivierte linguistische Genusforschung im Namen der seriösen Sprachwissenschaft aufschlussreicher, das ihrer eigenen Einschätzung nach bemerkenswerte Faktum, dass „die ursprüngliche Funktion der Genera ja nicht in der Anzeige von Geschlecht bestand", nicht dem Bedürfnis zu opfern, „menschliches Geschlecht im Genussystem und damit tief in der Grammatik zu verankern."[86] Zur Untermauerung:

....

85 Bußmann (1995), S. 140.
86 Siehe und vgl. Kotthoff/Nübling (2018), S. 73. Eine Studie, die „den Einfluss von Sprache auf Denken am Beispiel der Beziehung zwischen grammatischem und natürlichem Geschlecht" thematisiert (Koch/Zimmermann/Garcia-Retamero 2007), verweist auf kulturelle Unterschiede bei besagtem Einfluss der Sprache auf das Denken. Als „eine mögliche Erklärung" wird vorgebracht, dass „die dargestellten Unterschiede zwischen spanisch- und deutschsprachigen Teilnehmenden (…) in der kulturellen Bedeutung der Kategorie Geschlecht im Süden Spaniens im Vergleich zu Deutschland" zu sehen seien. „Im Süden Spaniens liegt eine Kultur vor, die von sehr traditionellen Geschlechterstereotypen und Geschlechterrollenzuteilungen geprägt ist. Während sich in Deutschland (u. a. im Zuge des Gender Mainstreaming) die Grenzen der Verteilung und der Repräsentation von Geschlechterrollen immer stärker auflösen (…), finden wir im Süden Spaniens eher eine Gesellschaft vor, in der sich diese konsolidieren" (ebd., S. 179). Ist nun aber vor dem Hintergrund dieses Erklärungsansatzes nicht zu fragen (und zu untersuchen), ob sich die Kategorie des Geschlechts nicht *vollständig* eliminiert, wenn nicht im Rahmen unserer Kultursprachlichkeit sexualinguistisch gesprochen wird (sondern in der bedeutungs-

„Dass es ein Stadium gab, in dem Substantive je nach Perspektivierung in allen drei Genera auftreten konnten (so wie sie heute in vier Kasus und zwei Numeri auftreten können), wird angenommen. Wichtig ist, dass die zwei bzw. drei Genera ursprünglich nichts mit Geschlecht zu tun hatten. Vielmehr hat sich erst sehr spät ‚ein jüngeres, durch das natürliche Geschlecht bestimmter Designata [Referenzobjekte] motiviertes Genussystem' über ein ‚älteres Genussystem, in dem das natürliche Geschlecht als Unterscheidungsmerkmal unberücksichtigt blieb' (Fritz 1998, 255), gelagert. Damit stellt der Verweis von Genus auf Geschlecht die sekundäre Nutzung (Exaptation) eines alten Genussystems dar. Auch wenn Genus ursprünglich nicht auf die Anzeige von Geschlecht zurückgeht, so ist nicht von der Hand zu weisen, dass heute enge und produktive Genus-Sexus-Verschränkungen bestehen (…)."[87]

Dieses Zitat enthält einmal mehr einen unseriösen Kniff, um der feministischen Ideologie Genüge zu tun. Weiter unten werde ich auf ihn noch genauer zurückkommen. Im Rang und Namen der Wissenschaft muss es vor dem zitierten Hintergrund jedenfalls verdächtig erscheinen, wenn Mai Thi Nguyen-Kim

....

vollen Intension des Gemeinten, sodass beispielsweise auch ein Mensch mit Uterus Lehrer oder Bundeskanzler sein kann)?!

87 Ebd., S. 71. Die von Fritz zitierte Stelle lautet im originalen Wortlaut: „Von einer sich durch das gesamte Genussystem ziehenden semantischen Motiviertheit kann also keine Rede sein; vielmehr überlagert ein jüngeres, durch das natürliche Geschlecht bestimmter Designata motiviertes, Genussystem ein älteres Genussystem, in dem das natürliche Geschlecht als Unterscheidungsmerkmal unberücksichtigt bleibt" (Fritz 1998, S. 255).

in ihrer ersten Sendung von *Ask Mai Anything* eine *Gästin* ankündigt,[88] obwohl der Begriff Gast zu den nicht oder kaum movierbaren Wörtern wie Star, Aufsicht, Kind, Wache, Mensch, Person, Genie, Aushilfe, Säugling, Geisel, Waise, Mitglied, Fan, Opfer, Profi oder Individuum zählt.[89] Warum also macht das ausgerechnet Nguyen-Kim *ohne Not*, sprich wenn es doch nicht zugunsten der vorgeblichen Sensibilität für die Belange derjenigen Menschen ist, die sich im generischen Maskulinum nicht repräsentiert und, wenn überhaupt (wie es heißt), nur mitgemeint fühlen? Das ist freilich eine Großtat für die Wissenschaft, wenn zwei Drittel der Bürger die gendergerechte Sprache ablehnt oder schlicht für unnötig erachtet.[90] Will *frau*, dass *man* die feministische Ideologie über die Wissenschaft stellt, während *es* sich auf sie beruft, um jene Ideologie als wissenschaftlich zu begründen?

Offenbar muss es so sein, da die feministische Sprachkritik schließlich unleugbar nicht bereit zu der Frage ist, „[a]ufgrund welcher grammatischer, semantischer oder soziokultureller Prämissen (…) es zu unterschiedlichen Genus-Zuweisungen in den verschiedenen Genus-Systemen der Sprachen der Welt

....

88 Nguyen-Kim (2021b), 00:00:29 Std.
89 Siehe dazu Kotthoff/Nübling (2018), S. 75, 93; zudem Payr (2020), S. 48.
90 Siehe dazu die Umfragen beispielsweise von infratest dimap (2020), Forsa (2021), nwzonline (2022), MDRfragt (2021) oder die im Auftrag des Vereins Deutsche Sprache e. V. durchgeführte umfangreiche Umfrage von insa consulere (2019). Nebenbei sei die Ironie angemerkt, die sich oft in der Weitergabe von Informationen findet. So zum Beispiel bei der MDR-Quelle, wenn es etwa heißt: „Die Debatte um die gendergerechte Sprache hält der größte Teil der Befragungsteilnehmerinnen und -teilnehmer für unwichtig und lehnt das Gendern in sämtlichen Kontexten ab" …

[kommt]".[91] Ihre Verfechter wollen nicht akzeptieren, dass – ich exponiere:

> „[sich i]n den meisten indogermanischen, semitischen, kaukasischen und afrikanischen Sprachen (...) – zumindest in ihrem Kernbestand – semantisch motivierte Genus-Systeme [finden], die die Substantive durch entsprechende morphologische Markierung (wie Artikel und Endungen) verschiedenen Klassen zuordnen. Ihre Zahl und Semantik ist sprachspezifisch unterschiedlich, und die auf Sexus bezogene Maskulinum-/Femininum-Einteilung ist ein Klassifikationskriterium unter anderen."[92]

Und in einer Fußnote zu diesem Zitat vermerkt Bußmann:

> „Aufschlußreich sind hier sprachvergleichende Untersuchungen, die die eurozentrische Voreingenommenheit korrigieren und zeigen, daß in anderen Sprachen eine Einteilung nach ‚Belebt/Unbelebt' (z. B. im Kaukasischen) oder ‚Menschlich/Nichtmenschlich' (z. B. in mehreren Indianersprachen Nord- und Mittelamerikas) genauso funktioniert wie in europäischen Sprachen die ‚Männlich/Weiblich'-Unterscheidung; oder auch, daß es Sprachen gibt, in denen das Femininum die unmarkierte Form darstellt, wie z. B. in einigen afro-asiatischen Sprachen (Corbett, 1991, S. 3 und 30)."[93]

---

91 Bußmann (1995), S. 116.
92 Ebd., S. 119.
93 Ebd.

In meiner Schrift *Die Objektität des Bewusstseins* habe ich diesen Sachverhalt an einem Gedankenexperiment veranschaulicht. Darin habe ich die identitätsbestimmenden biologischen Geschlechtskorrelate unserer nackttabulichen Kulturwelt mit den leiblichen Akzidenzien schwarzer oder weißer Hautfarbe vertauscht.[94] Ich bitte auch hier den Leser, das besagte Gedankenexperiment an Ort und Stelle nachzulesen. Denn der springende Punkt, auf den ich nun vehement drängen möchte, ist, dass die seriöse Sprachwissenschaft in der Pflicht steht, den Tatbestand anzuerkennen, *dass das Genussystem einer Sprache nicht mit identitätsbestimmenden Wahlakzidenzien einer Kultur gleichzusetzen ist.* Denn viel zu verheerend „hat die irreführende (und zugleich mehrdeutige) deutsche Übersetzung von *Genus* mit *Geschlecht* einer ungeprüften Korrelation von Genus mit Sexus unheilvollen Vorschub geleistet und damit unwissenschaftliche Spekulationen hervorgerufen."[95]

* ♂ * ♀ *

Im Folgenden möchte ich – einmal ganz ohne genitalbezogene Denkverschränkung – das Argument bzw. den Glauben an das Genus-Sexus-Prinzip durchleuchten: Behauptet wird, es gelte „als die verlässlichste und produktivste (d.h. auch bei lexikalischen Neuzugängen wirksame) Regel", „dass Bezeichnungen für weibliche Menschen feminin und solche für männliche maskulin sind." Es gebe „kein anderes semantisches Genuszuweisungsprinzip von solch hohem Geltungsgrad."[96] Tatsäch-

....
94 Wolfstädter (2021), S. 205ff.; siehe auch oben Fn. 30.
95 Bußmann (1995), S. 117.
96 Kotthoff/Nübling (2018), S. 73.

lich? Wie aber lässt sich das begründen, wenn doch eingeräumt wird, dass „[d]ieses Faktum (…) deshalb so bemerkenswert [ist], weil die ursprüngliche Funktion der Genera ja nicht in der Anzeige von Geschlecht bestand."[97] Ist es aus wissenschaftlicher Sicht dann nicht ratsamer, die kultürlich vorherrschende biogeschlechtliche Referenzialität des Genus zu hinterfragen, anstatt das Phänomen zur selbsterfüllenden Tautologie in der zeitgeistlichen „Gleichschaltung" von Genus und Sexus zu erheben? Wie ist es denn vor dem Hintergrund dieser Gleichschaltung möglich, dass Vogelscheuchen zumeist männlich gestaltet werden, obwohl angeblich das Genus die Vorstellung des biologischen Geschlechts[98] oder der mit ihm korrelierenden Geschlechtsidentität referenziell evoziert? Wollen Frauen im Lichte der Ideologie der feministischen Sprachkritik nun keine Vogelscheuchen sein, da Bösewichte immer nur die Männer sind, müssten sie von Vogelscheuchern sprechen!

Der Fehler der Genus-Sexus-Kopplung und damit des Bezugs von Personenbezeichnungen auf das biologische Geschlecht und/oder die Geschlechtsidentität des mit ihnen bezeichneten Menschen ergibt sich vielleicht daraus, dass, wie richtig festgestellt wird, „soziale Verpflichtungen und Geschlechterrollen [offensichtlich] so stark [divergier(t)en], dass eine sprachliche Geschlechtsabstraktion unmöglich ist."[99] Mutter/Vater, Tante/Onkel, Nichte/Neffe etc. oder Mann/Frau,

---

97 Ebd.; siehe auch oben das im Fließtext zu Fn. 86 Gesagte.
98 In meiner Konzeption der Objektität des Bewusstseins lässt sich das Geschlecht nicht biologisch begreifen; siehe dazu insbesondere Wolfstädter (2021), S. 376ff. Hier verwende ich den Ausdruck der biologischen Geschlechtlichkeit, da sich der Glaube an die Referenzialität von Genus und Sexus im Rahmen dieser Annahme bewegt.
99 Kotthoff/Nübling (2018), S. 75.

Mönch/Nonne und dergleichen mehr werden als Belege dafür erachtet[100] und für die intendierte Behauptung herangezogen, dass das generische Maskulinum in spezifischer Verwendung männlich gelesen würde.[101] So sei die genusinduzierte Geschlechtserwartung in dem Satz *Der Lehrer da drüben ist eine Frau* kontraintuitiv, in dem Satz *Der Lehrer da drüben ist ein Mann* hingegen eine Tautologie.[102] Allein es ist keine seriöse Wissenschaft, die Entsprechung hierfür in der weiblichen Lesart von *Dame*, *Nonne* oder *Tante* zu erkennen,[103] wenn zugleich generalfeminine Personenbezeichnungen wie Person, Geisel, Waise, Wache, Fachkraft oder Ikone geflissentlich unterschlagen werden. Denn in Begriffen wie Dame, Nonne, Tante (wie auch bei Herr, Mönch, Onkel) dient das biologische Geschlecht der bezeichneten Person der Bedeutung ihrer Bezeichnung,[104] sodass *eine (sprachliche)*[105] *Geschlechtsabstraktion unmöglich ist*,

....

100 Vgl. ebd.
101 Vgl. ebd., S. 77. Payr (2021, S. 5f.) unterscheidet die *spezifische* und die *generische* Verwendungsweise des Maskulinums und bezeichnet die Möglichkeit einer solchen Unterscheidung als eine „konstruktive Eigenwilligkeit des Deutschen" (ebd., S. 6). Doch diese Annahme kann nur in die Irre führen, da sie den Glauben an das Genus-Sexus-Prinzip zulässt bzw. ihn bestätigt.
102 Vgl. ebd.
103 Siehe und vgl. ebd.
104 Anders ausgedrückt ist hier gemeint, dass „das Lexem selbst (Dame, Tante, Mutter, Tochter, Nichte ...) das Geschlecht bezeichnet" (Ammer 2020b, S. 10).
105 Ich setze hier eine Klammer, weil ich mir auch bei aller Bemühung meines Vorstellungsvermögens nicht erklären kann, was mit einer *sprachlichen Geschlechtsabstraktion* gemeint sein kann: Ist etwa die Möglichkeit einer Begriffsbildung wie *der Tante* unter Auflösung des Genus-Sexus-Prinzips gemeint? Dann aber hätte ich im Sinne der Begriffsbedeutung noch immer einen weiblichen Menschen vor Augen ...

wie ja auch hochselbst festgestellt wird.[106] Will heißen: Hier wird übersehen, dass die Begriffe des Frau-, Schwester- oder Nonne-Seins sowie die des Mann-, Bruder- oder Mönch-Seins vielmehr in sich ein historisch und kultursprachlich salientes semantisches Genuszuweisungsprinzip in ihrer Wortbedeutung induzieren. Damit aber lässt sich allenfalls eine *kultursprachliche*[107] Genus-Sexus-Kopplung erschließen, keine *sprachwissenschaftliche* Begründung herleiten. Insbesondere lässt sich der Befund nicht auf von Verben abgeleitete Personenbezeichnungen wie *Bäcker* aus *backen* übertragen,[108] wenn damit eine in dieser administrativen Funktion stehende Person bezeichnet wird.[109] Wer das nicht so sehen möchte, der bleibt die Erklärung schuldig, warum ein Mensch ohne Uterus keine Mutter im leiblichen Sinne werden kann,[110] Hebamme etwa aber grundsätzlich jeder Mensch, oder warum Flaschenöffner keinen Penis haben,[111] *bei*

....

106 Vgl. oben das Zitat zu Fn. 99 und dazugehörenden Fließtext.

107 Zur Bedeutung und Auswirkung der Kultursprachlichkeit s. Wolfstädter (2021).

108 Vgl. Eisenberg (2020a), S. 17, hier auch in Bezug auf meinen Hinweis, dass bei männlichen Personenbezeichnungen gemäß der Logik der feministischen Sprachkritik das Suffix „-er" an die so gewonnenen Personenbezeichnungen gehängt werden müsste, also von Bäcker*ern* die Rede sein müsste: Es gibt hier also ein Wort, das ausschließlich Frauen bezeichnet (*Bäckerin*), aber keins, das ausschließlich Männer bezeichnet. Vgl. dazu auch Fn. 46.

109 Etwas salopper formuliert es Glück (2020, S. 28): „Nur bei Personenbezeichnungen und Bezeichnungen für einige Tiere kommen sich Genus und Sexus ins Gehege, sonst nirgends." Zur Genus-Sexus-Relation bei Animata bzw. Nicht-Animata siehe Kotthoff/Nübling (2018), S. 72–74.

110 Das Recht, Mutter oder Vater im ideellen Sinne zu sein, müsste doch als eine Konsequenz aus der Logik des geführten Diskurses um sexuelle und geschlechtliche Vielfalt *für jeden Menschen* erkannt werden …

111 So wird von Koch/Zimmermann/Garcia-Retamero (2007, S. 172) festgestellt: „Vielfältige empirische Befunde sprechen dafür, dass der gewohn-

mir aber sofort nicht nur einer vermutet wird, sondern unbedingt und zwingend ein Penis vorhanden sein muss, wenn *ich* in dieser Funktion stehe, wenngleich ich doch nur *Flaschen öffne*.[112] Da nimmt es nicht Wunder, dass auch penislose Menschen in ihrer vulveralen Existenz sprachlich zum Ausdruck gebracht und berücksichtigt werden wollen, wenn diese wundersame genitale Sprachkopplung nur penisbesitzenden Menschen vorbehalten bleibt, wenn also im patriarchal-kultürlichen Kontext nur Männern der *eigentliche und ursprüngliche Begriff* zugedacht wird, Frauen aber (allenfalls) nur ein Sexussuffixialanhängsel erhalten.[113] Da nützt auch die blinde Polemik Puschs Totaler Feminisierung nichts, etwa durch die erzwungene Selbstverständlichkeit der Rede, dass Mama und Papa tolle Autofahrerinnen seien.[114]

Das Patriarchat – *gegen das die feministische Ideologie alles Recht hat, es niederzureißen* – lässt jedenfalls grüßen: Mit einer unsäglich unhinterfragten, weil politisch gewollten Selbstverständlichkeit scheint der Begriff des Flaschenöffners, um im Beispiel zu bleiben, selbst der Gegenstand zu sein, den er bezeichnet,

....

heitsmäßige sprachliche Umgang mit Objekten dazu führt, dass wir tendenziell in maskulinen oder femininen Konnotationen über diese denken".

112 Siehe dazu Fritz (1998, S. 255): „Wie schon K. Brugmann lehrt, sind die grammatischen Genera nicht Ausdruck eines indogermanischen Animismus, so daß nicht in jedem Maskulinum eine männliche Wesenheit und in jedem Femininum eine weibliche Wesenheit vermutet werden müsse." Fritz verweist ebd. auf Brugmann (1889), lt. Google Scholar 1888.

113 Zu beachten ist, dass das Suffix „-er" ein genusbestimmendes Wortbildungsmorphem ist, das generalmaskuline Wörter produziert (vgl. Bußmann, 1995, S. 121), und keine mit den jeweiligen Wörtern begriffene Personen mit Penis bezeichnet.

114 Vgl. Pusch (1990), S. 15.

sprich: freilich nur in Bezug auf als Mann geltende Menschen. Ich bin versucht, dies als einen illokutionären phallogenen Sprechakt zu klassifizieren: „[D]as Objekt [muss] lediglich von einer bestimmen Beschaffenheit sein (…), um eine – oder besser gesagt *seine* – Benennung zu erhalten."[115] Das ist es nun, worauf der landläufige Diskurs, der Krieg der Gendersterne, gründet. Den Männern ist es erlaubt, sich mit dem Begriff ihrer Bezeichnung zu identifizieren, während Frauen – wohlbemerkt nur in diesem Sinne und vor diesem Hintergrund – als das andere Geschlecht (Beauvoir) *nur als Mitgemeinte* Geltung erreichen, sie sich also in ihrer geschlechtlichen Identität unberücksichtigt fühlen müssen.

Die sprachfeministische Gegenwehr mag nun auf emotionaler Ebene und im Rahmen des kultürlich konditionierten und sozialisierten Sprachgebrauchs verständlich sein, auf wissenschaftlicher Ebene lässt sie sich allerdings nicht begründen – *ebenso wenig, wie sich der Kategorienfehler nur in Bezug auf das männliche Geschlecht sprachwissenschaftlich begründen lässt*. Ich komme deshalb auf den feministischen Kniff zurück, den zu erläutern ich oben angekündigt hatte.[116] Denn dass die Genus-Sexus-Kopplung die selbsterfüllende Prophezeiung geschlechtsideologischer Verblendung ist und keine wissenschaftliche Erkenntnis, beweist die unredliche Bemühung, wissenschaftliche Evidenzen, die gegen die eigene Überzeugung sprechen, ideologisch zu verklären. Deutlich wird diese Gangart, wenn wir die Satzfragmente von Fritz (1998) aus dem von

---

115 Wolfstädter (2021), S. 737.
116 Siehe oben das zum vorangehenden Zitat auf S. 52 Gesagte.

Kotthoff und Nübling angeführten Zitat[117] einmal im Kontext und im genauen Wortlaut lesen:

> „Wie schon K. Brugmann lehrt, sind die grammatischen Genera nicht Ausdruck eines indogermanischen Animismus, so daß nicht in jedem Maskulinum eine männliche Wesenheit und in jedem Femininum eine weibliche Wesenheit vermutet werden müsse. Vielmehr kann bei den Genera in den meisten Fällen keine durch das natürliche Geschlecht bedingte semantische Motiviertheit festgestellt werden, sei es daß die Designata kein natürliches Geschlecht aufweisen oder daß natürliches und grammatisches Geschlecht einander widersprechen. Die Genusmarkierung kann zudem als primäre Eigenschaft der Pronomina und der Adjektive angesehen werden, die erst sekundär – veranlaßt durch substantivierte Adjektive – auch in den Bereich der Substantive gelangt ist. Bekanntlich weisen gerade diejenigen Substantive, welche die besten Voraussetzungen für semantische Motiviertheit des Genus böten, etwa Verwandtschaftsbezeichnungen, keine Genusmarkierungen auf. Von einer sich durch das gesamte Genussystem ziehenden semantischen Motiviertheit kann also keine Rede sein; vielmehr überlagert ein jüngeres, durch das natürliche Geschlecht bestimmter Designata motiviertes, Genussystem ein älteres Genussystem, in dem das natürliche Geschlecht als Unterscheidungsmerkmal unberücksichtigt bleibt. Von letzterem legen bis in die Einzelsprachen

....

117 Siehe oben S. 52.

hinein etwa die zweiendigen Pronomina und Adjektive Zeugnis ab."[118]

Offensichtlich will *man* die feministische Sprachkritik verwissenschaftlichen, um sie als Waffe gegen den androzentrischen Sprachfehler ins Feld zu führen. Denn in der von Kotthoff und Nübling herangezogenen Art und Weise des hier nun im Kontext belassenen Zitats aus Fritz (1998) erhält der allgemeingültige Androzentrismus in der vorherrschenden kultursprachlichen Genus-Sexus-Kopplung eine feminisierte Tautologie in der Genus-Sexus-Gleichsetzung. Wenn also die Geschlechtsbestimmungen zu den Kernelementen einer begrifflichen Terminologie erhoben werden, wie es bei Verwandtschaftsbezeichnungen geradewegs der Fall zu sein scheint,[119] dann möchte ich auf wissenschaftlich fundiertem Boden doch eher dafür plädieren, dass dieser Sachverhalt als ein *soziologisches Phänomen* erkannt wird, nicht als ein sprachwissenschaftliches. Die feministisch motivierte Genderlinguistik agiert hier wohl nicht unwissentlich in der Ignoranz dieser Differenzierung. Denn wenig seriös ist es, wenn das bekannte wissenschaftlich herausgearbeitete Faktum, dass Verwandtschaftsbezeichnungen ursprünglich keine Genusmarkierungen aufwiesen und deshalb „von einer sich durch das gesamte Genussystem ziehenden semantischen Motiviertheit (...) also keine Rede sein" könne,[120] geschickt übergangen wird,[121] indem auf den heute immer weiter um sich greifenden Gebrauch und die mit ihm

....

118 Fritz (1998), S. 255.
119 Vgl. Tyrell (1986), S. 473ff., insb. S. 475.
120 Siehe oben Fn. 118.
121 Siehe die Zitation zu Fn. 87.

einhergehende konditionierte Sprachgewohnheit und damit auf die „enge[n] und produktive[n] Genus-Sexus-Verschränkungen" verwiesen wird[122] – mit dem Ziel, *diese „Sprache"* (ich nenne sie die nackttabuliche Kultursprache) zum Objekt der Sprachwissenschaft zu machen. In der *Objektität des Bewusstseins* stelle ich diesen Akt als die „Performanz der Performativität" heraus, bei der die Subjekte dadurch eine geschlechtliche Identifizierung erhalten, dass ihre separativleibliche Genitalität (kultürlich bestimmbares Objekt) im kultursprachlichen Diskurs als das Äquivalenzkorrelat ihrer kultürlich zugesprochenen Geschlechtsidentität (Subjekt) gilt.[123] *Innerhalb* dieses kultursprachlichen Subjekt-Objekt-Konglomerats mag das Gebanntsein im Korrelat der biologischen Genitaläquivalenz einleuchten, und es mag auch ein Verständnis für die genderideologische Motivation schaffen, dass dieses Verhältnis seinen sprachlichen Niederschlag findet – *allein das ist kein sprachwissenschaftliches Anliegen, sondern Gegenstand der Soziologie.*

Zum Abschluss frage ich daher leicht polemisch, warum die Verfechter der feministischen Sprachkritik es im Lichte der heutigen Förderung und Forderung der sexuellen und geschlechtlichen Vielfalt nicht für notwendig erachten, beispielsweise den Begriff Eltern zu gendern, wenn doch „enge" und wohlbemerkt „produktive Genus-Sexus-Verschränkungen" bestehen. Ist nun der Begriff Eltern der Oberbegriff von Mutter und Vater, wenn doch diese beiden Begriffe als Beleg dafür erachtetet werden, dass das generische Maskulinum in spezifischer Verwendung männlich gelesen wird, weil bei Verwandtschaftsbezeichnun-

---

122 Siehe ebd.
123 Wolfstädter (2021), S. 721ff.

gen eine Geschlechtsabstraktion unmöglich erscheint?[124] Dieser Irrsinn bezeugt die blinde Komik der Genderlinguistik, erlaubt doch die Begründung der feministisch motivierten Sprachwissenschaft es so homosexuellen Paaren nicht, Kinder zu haben. So sind die Eltern von – in der genderlinguistischen Logik gesprochen – Schülerinnen und Schülern notwendig immer Mutter und Vater, sprich: *Homosexuelle Paare sind noch nicht einmal mitgemeint!* Ich kann daher keinen nachvollziehbaren Grund finden, der es angesichts der ja durchaus ehrenwerte Ziele, die mit der gendergerechten Sprache ideologisch verfolgt werden, legitimieren könnte, beim Begriff der Eltern *nicht* eigentlich von Elter:innen oder Elter:ern sprechen zu müssen, also notwendig immer von Eltern, ElterErn und ElterInnen – oder zusammengefasst vielleicht besser von Elt*Er:innen, denn man weiß ja nicht, ob es sich um ein divers-homosexuelles, divers/männlich-homosexuelles oder ein divers/weiblich-homosexuelles Paar handelt, das Kind*Er:innen will oder hat?

* ♂ * ♀ *

Der wirkmächtige Fehler, der das geschlechtliche Unbehagen in der Sprache generiert, wird fatalerweise von den Verfechtern des generischen Maskulinums zementiert. Umso wichtiger ist es, ihn im Folgenden darzulegen und zu analysieren. So erklärt beispielsweise Payr:

„Werfen wir einen Blick auf die im Deutschen gebräuchlichen Formen von **Personenbezeichnungen** und auf

---

124 Siehe oben S. 56f. und auch Fn. 101.

das in der Kritik stehende **generische Maskulinum** im Besonderen (…):

Für das Maskulinum gibt es im Deutschen zwei verschiedene Verwendungen. Es wird als *spezifisches* und als *generisches* Maskulinum genutzt:

- Der Lehrer Franz Petersohn (spezifisch)
- Alle Lehrer versammeln sich in der Aula (generisch/inklusiv)

Im ersten Fall bezeichnet *der Lehrer* eine konkrete männliche Person. Als **generisches Maskulinum** hingegen bezieht sich das Wort *Lehrer* auf einen Menschen beliebigen Geschlechts, der den Lehrerberuf ausübt. (…) Von einem generischen Maskulinum im eigentlichen Sinn spricht man aber nur, wenn von einem Wort im Maskulinum (*Lehrer*) ein Femininum (*Lehrerin*) abgeleitet werden kann."[125]

Noch einmal: Ich halte die feministisch motivierte Sprachkritik *vor dem Hintergrund dieses schwachen Verteidigungsansatzes, das generische Maskulinum gegenüber den Angriffen und Forderungen der gendergerechten Sprache zu bewahren,* für berechtigt, ja notwendig. Denn der patriarchale Sexismus verschanzt sich hinter einer kaum zu übertreffenden latenten Subtilität. Sich im Lichte des rationalen Arguments sonnend, verleiht er sich den Glanz der vermeintlich stärkeren Evidenz. Damit aber beschwört er – mit guter Intuition? – die feministische Sprachkritik herauf. So schwingt das denunziative Wohlwollen zwischen

---

125 Payr (2021), S. 4f., Fett- und Kursivdruck gemäß dem Original.

den Zeilen mit, das das „andere Geschlecht" zu hören doch gezwungen ist, wenn es ein wenig später heißt:

> „Ich kann mir (...) gut vorstellen, dass nun eine kritische Leserin ausruft: ‚Herzlichen Dank für die ausführliche Grammatikstunde! Ich *fühle* mich aber einfach nicht von dieser Sprache angesprochen. Was nutzen mir sprachwissenschaftliche Spitzfindigkeiten, wenn ich als Frau in dieser Sprache nicht vorkomme? Was nutzen mir die tollen Qualitäten des generischen Maskulinums, wenn diese Sprache die Frauen nicht angemessen repräsentiert? Ich *empfinde* es so, dass immer nur von Männern die Rede ist und ich mich immer fragen muss, ob ich da eigentlich mitgemeint bin. Ich komme als Frau in dieser Sprache nicht vor.' Das ist ein ernst zu nehmender Einwurf, den ich nicht mit zwei Sätzen vom Tisch wischen kann. Für eine Antwort brauche ich allerdings ein wenig Zeit. Genau die Zeit, die Sie brauchen, liebe Leserin, dieses Buch von vorne bis hinten durchzulesen."[126]

Dieser verkappte (weil unterbewusste?) Sexismus ist mir schleierhaft, nein widerwärtig. So sind es hier unleugbar die Frauen (bzw. die nicht-männlichen Menschen), denen der *Mann* den Irrsinn und die Ideologie der feministisch geprägten Genderlinguistik erklären muss, da es offenbar die *liebe Leserin* ist, die lediglich gewillt sein muss, sich von den contra Gendersprache geführten Argumenten überzeugen (oder über*mannen*?) zu lassen.

---

126 Payr (2021), S. 10.

Deshalb werde ich im Folgenden zeigen, dass es das *spezifische* Maskulinum nicht gibt, oder treffender gesagt, dass es ein *kultursprachliches Konstrukt* ist. Die Klärung dieses Sachverhalts entblößt zum einen die *phallogene* Sprachkopplung, zum anderen aber dekonstruiert sie zugleich auch in summa den Glauben an den Genitalnexus in und durch die Sprache überhaupt. Denn indem sie Letzteren leugnen, halten die Gegner der die *nicht-männliche* Geschlechtsidentität berücksichtigenden Sprache ob nun bewusst subtil oder auch blind an diesem Genitalnexus fest. Ich kann mir die schreiende Inkonsequenz, diese sexistische Ironie in der Logik der gebetsmühlenartig bemühten Argumentation nicht anders erklären, wenn es zur Erklärung der Funktion des generischen Maskulinums heißt, dass das grammatische Geschlecht nicht mit dem biologischen gleichzusetzen sei, dass das Nomen agentis mit seinem Wortbildungssuffix „-er" geschlechtsneutral Personen in ihrer administrativen Funktion bezeichne (man müsse das doch endlich einmal einsehen!).[127]

Derselbe Fehler, diese besagte Inkonsequenz im Argumentationsgang, zementiert nun geradewegs die sprachmännliche Dominanz. Um das deutlich zu machen, führe ich Glück (2018) an. Nachdem dort auf die strittige Frage, ob maskuline Endungen sexusmarkiert sind, hingewiesen wurde,[128] heißt es:

---

127 Kotthoff/Nübling (2018, S. 137) stellen lediglich fest, dass „sich Nomen-agentis-Bildungen auf -er gut movieren [lassen]" und „sogar den Großteil der in-Movierungen aus[machen]."

128 Philosophisch tiefer fundiert führe ich diesen durch die Hintertür wieder hereingelassenen exklusiv männlichen Sexusbezug in Wolfstädter (2021, S. 231–240) aus.

> „Maskuline Personenbezeichnungen sind jedoch nicht sexusmarkiert, denn sie bezeichnen beide natürlichen Geschlechter. Bäcker schließt die Bäckerin ein, Lehrer die Lehrerin. (…) Wenn man weibliche Wesen ausdrücklich bezeichnen will, verwendet man die Endung ‚-in'. Erst sie markiert Sexus. Sie erlaubt, die Bürgerin vom Bürger, die Meisterin vom Meister zu unterscheiden, wenn man das will."[129]

Wenn also – und ich halte das für den eigentlichen und wirkmächtigen Grund im geschlechtlichen Unbehagen in der Sprache – mit dem Suffix „-er" gebildete Nomina agentia keine Sexualkonnotation beinhalten, und darauf stützt sich schließlich die contra Gendern geradezu gebetsmühlenartig vorgebrachte Argumentation grundlegend, dann ist im wissenschaftlich nüchternen Blick nicht einzusehen, warum der Bäcker die Bäckerin oder der Lehrer die Lehrerin einschließt, warum es eine offensichtliche Selbstverständlichkeit zu sein scheint, dass der Mann *jedes Mal* bezeichnet wird, die Frau aber nur dann, wenn sie vom Mann unterschieden werden soll. *Diese Logik*, man verzeihe mir diese emotionale Bekundung, *tut weh*. Jedenfalls leuchtet es in diesem Zusammenhang ein, wenn Simone de Beauvoir mit Blick auf die Frau vom anderen, von dem vom eigentlichen männlichen abgekoppelten Geschlecht spricht.[130]

Der zugrunde liegende Fehler hierbei ist also, dass entgegen der vorgebrachten Argumentation behauptet wird, dass die Sexsuffixialendung „-in" die Bürgerin vom Bürger unterscheide (wenn man es denn wolle). Wie um alles in der Wissenschaft

---

129 Glück (2020), S. 29.
130 Beauvoir (2002).

kann das sein? Wie kann ein den Sexus nicht indizierendes Wort ein weiblich versexualisiertes Wort einschließen und wie kann es zudem in diesem Zuge auf wundersame Weise wiederum selbst männlich versexualisiert werden? Dass nur das verkappte heterosexuelle Regime der patriarchal geführten Geschlechterhierarchie so etwas bewerkstelligen kann, dürfte klar sein – diese Spitze sei hier erlaubt. In sprachwissenschaftlicher Hinsicht ist zu fragen, warum der Sprachwissenschaftler denn dann nicht *die Notwendigkeit und die Berechtigung der feministischen Sprachkritik* erkennt. Mehr noch, warum erkennt er darin nicht die Legitimation oder besser die Notwendigkeit, *dieselbe Kritik* in Bezug auf das männliche Geschlecht zu üben – also der feministischen eine maskulistische Sprachkritik entgegenzusetzen? Das freilich ist nun wissenschaftlich gedacht, was die Gefahr in sich birgt, das kultürlich etablierte Patriarchat *wirklich* zu Fall zu bringen. All das demaskiert aber im Umkehrschluss die in diesem Sinne kultursprachlich konstruierte Waffe im Krieg der Gendersterne überhaupt: Die identitätsstiftende Maske des Geschlechts muss damit fallen, da die Bürgerin eben nicht vom Bürger unterschieden werden kann, sondern nur oder allenfalls vom *Bürgerer*.

* ♀ * ♂ *

Mit dem französischen Philosophen Luce Irigaray glauben viele Menschen, dass „[d]ie geschlechtliche Differenzierung (…) eine ursprüngliche und irreduzible Determinierung unserer Identität und Subjektivität [ist]."[131] Auch Étienne Balibar spricht mit Blick auf die Genitalien von anthropologischen Unterschieden,

....
131 Larmagnac-Matheron (2021), S. 21.

ohne die sich die Menschlichkeit der Menschen gar nicht vorstellen ließe.[132] Das klingt fürwahr nach Biologismus, mit dem die Existenz einer geschlechtlichen Identität aufgrund des Vorhandenseins genitalseparativer Leiblichkeit behauptet wird. Es behauptet letztlich, dass mein Penis mich *als Mann* diese Schrift verfassen lässt. Das ist gleichermaßen ein essenzialistischer wie naturalistischer Fehlschluss, wird so doch in diesem kultürlich verankerten Glauben mein als letztbewährendes Merkmal geltender Penis in der Möglichkeit einer klar definierten (binär gedachten) Geschlechtszuschreibung mit dem Mann-Sein gleichgesetzt. Wie viele feministische Konstruktivisten innerhalb der Gender Studies wissen und daher umgehend mit mir gegen einen solchen Biologismus einwenden werden, ist das mindestens so falsch, wie die Behauptung falsch ist, dass das Gute lustvoll oder nützlich oder das Gelbe eine Apfelsine ist. Das Runde kann eben nur rund sein, darüber hinaus ist es nicht definierbar.[133] Aus keinem anderen Grund sind die Genitalien, in welcher Ausformung auch immer, *immer nur Genitalien*[134] – und die Menschen, die sie in genitalseparativer Leiblichkeit haben, sind *Menschen*, d. h. definitiv keine Mensch*innen.

Die beiden zunächst auf verschiedenen Grundpositionen befindlichen Lager treffen sich dann aber wieder in der *subjektivistischen* Begründung der Geschlechtsidentitäten. Ob dies nun heteronormativ binär auf den genitalen Äquivalenzen von Penis und Vulva oder unter der Annahme einer geschlechtlichen Vielfalt auf der (Überbetonung) genitaler Devianzen geschieht, es gründet doch stets notwendig auf dem unhinter-

---

132 Balibar (2012), S. 121ff.; vgl. auch Wolfstädter (2021), S. 106ff.
133 Vgl. Moore (1970), S. 45.
134 Siehe Wolfstädter (2021), S. 153ff.

fragten Genitalkorrelat, da sich ohne es *keine* – auch keine davon losgelöst gedachte – Geschlechtsidentität bestimmen ließe. Mit der Zurückweisung des Biologismus im Verständnis des essenzialistischen Fehlschlusses kommen die Verfechter der Geschlechtervielfalt daher ebenso wenig über das hinaus, was sie eigentlich zu demontieren beabsichtigen. Die biologische Tatsache der genitalseparativen Leiblichkeit bleibt in jedem Fall der Grund und die Bedingung für die Möglichkeit alteritärer Geschlechtsidentitäten – ganz egal wie viele oder wenige da bestimmt werden mögen.

Der Impuls und Drang zur gendergerechten Sprache insgesamt mündet also in der geschlechtlich fixierten Identität und Subjektivität, von der kaum ein am Diskurs der Geschlechtsidentitäten Beteiligter, ob nun als Verfechter oder Gegner des sprachlichen Genderns, frei ist. Schließlich lässt sich in der Führung des besagten Diskurses ablesen, dass gemeinhin der Glaube vorhanden ist, insbesondere die mit dem generischen Maskulinum versehene Begriffe *meinten den Mann* (obwohl das in sprachwissenschaftlicher Hinsicht nicht der Fall ist, wie ich unten noch weiter darlegen werde). Alle, welchem Lager sie auch angehören mögen, scheinen sich darin einig zu sein, dass „[e]in neutrales Individuum (…) keine eigene Identität [hat]"[135], wie Irigaray sagt. Die nachvollziehbare Konsequenz daraus ist der Angriff der Geschlechtsidentitäten, die alle *sprachlich* zur Wahrnehmung in der gesellschaftlich und politisch gelebten Öffentlichkeit gebracht werden wollen. Tatsächlich ist es wenig überspitzt gesagt, wenn die subjektivistischen, vermeintlich von den Ketten des biologischen Korrelats befreiten Gendersternchen ihren Angriff auf die im generalmaskulin

---

135 Larmagnac-Matheron (2021), S. 22.

behafteten Begriff *Gemeinten* starten, diese zurückschlagen sowie die nur Mitgemeinten sich endlich zur Rebellion ermutigt fühlen, es gleichzutun. Es ist ein genital geführter sexistischer Krieg, indem mir noch kein einziger Teilnehmer begegnet ist, der es zuwege bringen würde, mich als einen Philosophen zu betrachten, also *mich ungeachtet meiner genitalen Erscheinung spazieren gehen zu lassen!*

Unbegründet ist dieser ideologisch stark aufgeladene Krieg, weil es nicht nur kein biologisches Geschlecht gibt,[136] auf dessen Grundlage eine sprachliche Berücksichtigung einer Geschlechtsidentität sinnvoll wäre, sondern weil mit dem generischen Maskulinum *gar keine* Geschlechtsidentität gemeint oder auch nur mitgemeint ist, damit auch nicht der Mann, wie es auf Seiten der Gendergegner oft genug bekundet wird. Hier findet sich im Kern, was ich mit der vorliegenden Schrift klar zutage bringen möchte: Der eigentliche Grund für diesen verfahrenen und die Fronten aushärtenden Diskurs um das Für und Wider in der genitalrekurrierenden Genderlinguistik, die sich in ihrem Bollwerk des behaupteten Genus-Sexus-Prinzips verschanzt, ist, *dass auch die bei einem Spaziergang geführten Gespräche immer nur in der Heuristik des Mitmeinens stattfinden.* Ja, es ist geradewegs das Spazierengehen, das *alle* Wissenschaftler in ihrem Stolz auf ihre Involviertheit in die rationalen Ansprüche der Wissenschaft blindlings in der Sorge um ihre Respektabilität wiederum *unwissenschaftlich* werden lässt, dass sie also die Wissenschaft nicht der Wissenschaft wegen betreiben, wenn es heißt: „Sprache bezeichnet, Sprache meint nie irgendetwas. ‚Meinen' können nur Menschen."[137] Ich stimme

....

136 Siehe oben Fn. 98.
137 Glück (2020), S. 29.

dem vollumfänglich zu! Aber warum *meint* dann alle Welt, dass ausgerechnet jenes Körperteil das Korrelat der Letztbewährung in der Frage der mir zugeschriebenen Geschlechtsidentität, die nun per ideologischem Zwang sprachlich sichtbar gemacht werden soll, ist, das nicht sichtbar ist?[138] Die Einsicht also, dass Sprache *nie* irgendetwas meint, scheint nur so lange zur Geltung zu kommen, wie sie die eigene Ideologie nicht entblößt. Der „aufschlußreiche Lapsus", auf den Ulrich Wyss hinweist,[139] wird bei Bußmann zitiert, nachdem Jakob Grimms Begründung seiner Genuszuordnungen an seine 28 Sachgruppen erwähnt wurde, die die deutschen Nomina laut Grimm haben (Tiere, Bäume, Pflanzen etc.) und die mit intuitiven geschlechtsspezifischen Assoziationen verknüpft seien. Zur peinlich intellektuellen Unterhaltung sei es auch hier angebracht:

> „In dem Abschnitt 10 [der Leib und seine Teile, U. W.], der die Teile des menschlichen Körpers abhandelt, fällt auf, daß gerade jene Organe fehlen, die die Geschlechtsbestimmung ermöglichen; hat sich des Grammatikers Phantasie soweit von der fundamentalen sexuellen Differenz entfernen müssen, indem er sie überall suchte, daß sie an Ort und Stelle seiner Aufmerksamkeit entwischt?"[140]

....

138 Sie dazu meine Analyse des „Mitgemeinten" in Wolfstädter (2021), S. 215ff.
139 Wyss (1979), S. 165.
140 Wyss (1979), S. 165; zu meiner Einfügung siehe ebd. Bei Bußmann (1995) findet sich das Zitat auf S. 126.

2 Analyse der landläufigen Genderlinguistik

Nun ist die Möglichkeit gegeben, den kultürlichen Krieg der Gendersterne in seinem lebensweltlichen Alltagsvollzug, aber doch vor dem Hintergrund der hier vorliegenden sprachphilosophischen Ausführungen in den Blick zu nehmen. Denn wenn es keine sprachinhärenten Genus-Systeme gibt, bei denen Genuszuweisungsprinzipien geltend gemacht werden können, oder anders gesagt nur solche, in denen ein leibliches Akzidenzium als Träger der semantischen Konkordanz zwischen Genus und Sexus lediglich kontingent ist (insofern man dies in unserer sexistisch geprägten Identitätskultur einzugestehen fähig bzw. die Pflicht hierfür zu akzeptieren bereit ist), *dann spricht die wissenschaftliche Evidenz gegen die soziokulturelle Sexuallinguistik (innerhalb* welcher die feministische Sprachkritik die nur allzu verständliche und, ja, unabdingliche Gegenwehr ist). Bußmann bespricht die „Perspektiven einer kritischen feministischen Linguistik"[141] und stellt dabei die Schwierigkeit heraus, zu einer objektiven sprachwissenschaftlichen Forschung zu gelangen, die patriarchaler Voreingenommenheit unverdächtig ist. Diese Schwierigkeit besteht darin, dass gerade dort Objektivität eingefordert wird – „(Sprachsystem vor Sprachgebrauch, idealer Sprecher/Hörer vor Rollendifferenz, Synchronie vor Diachronie)"[142] –, wo sie nicht vorhanden ist. Sie meint damit die unbotmäßige „androzentrisch normative Grammatikschrei-

....

141 Bußmann (1995), S. 147ff.
142 Ebd.

bung", in deren Schutz die Gegner einer feministischen Sprachkritik auf die Beachtung der wissenschaftlichen Prämissen wie etwa des Vorrangs des Sprachsystems vor dem Sprachgebrauch insistieren, während durch die feministische Sprachkritik diese „Objektivität" doch gerade zur Debatte stehe.[143]

Im Folgenden kommt es also für eine konstruktive Analyse der im Alltag in Anwendung gebrachten gendergerechten Sprache auf die Bereitschaft des *Lesers* dieser Schrift an, „dieses Buch von vorne bis hinten durchzulesen."[144] Dieser erhofften notwendigen Bereitschaft gebe ich ein abgewandeltes Zitat von Ulrich Wyss mit auf den Weg:

> „Weil das (…) [Genital] einen neuralgischen Punkt im Verhältnis von Sprache und (…) [Subjekt] markiert, zerbricht an ihm die Konsistenz der (…) [identitären] Darstellung."[145]

So stellt die „auf kulturelle Grundmuster der Sexualisierung sich rückbeziehende Grammatik", wie Bußmann mit Bezug auf die Schrift *Über den Ursprung der Sprache* von Johann Gottfried Herder verweist,[146] einen *kultürlichen Akt* dar, der als performative Vorgängigkeit gleichermaßen die Bedingung der Möglichkeit einer sexussemantischen Basis ist und diese selbst schafft – und an ihr im sprachkriegerischen Diskurs zerbrechen

---

143 Vgl. ebd.

144 Payr (2021), S. 10 bzw. das Zitat oben S. 40.

145 Wyss (1979), S. 166; abwandelnde Einfügungen in eckigen Klammern von mir. Zitat im Original ebd.: „Weil das Genus einen neuralgischen Punkt im Verhältnis von Sprache und Welt markiert, zerbricht an ihm die Konsistenz der grammatischen Darstellung." Zitiert auch in Bußmann (1995), S. 122.

146 Bußmann (1995), S. 125.

muss. Die lähmende Herausforderung in und für die folgende Analyse des landläufigen gendergerechten Sprechens besteht damit in der blinden Kontingenz des Glaubens an das Genus-Sexus-Prinzip innerhalb des sozialisierten Rahmens der genital gründenden Identitätsfindungsstrategien – *und zwar jedwedes Menschen, ob nun mit oder ohne Uterus.*

Das Genus steht – ich komme nicht umhin, vor der anstehenden Analyse der landläufigen Genderlinguistik noch ein wenig auszuholen – mit dem vorherrschenden naturalistischen Blick auf die genitalleibliche Separativität des Menschen damit *in derselben logischen Bande* wie der (noch nicht wirklich überwundene) biologische Rassismus. Dieser liegt der derzeit in unserer Gesellschaft und Kultur latenten Struktur zugrunde, die sich mit der heutigen Rede von (den Begriff der Rasse umschreibenden) *Race* im Glauben an herkunftsbezogene Identitäten etabliert hat.[147] Die gendergerechte Sprache knüpft also an derselben kultürlich geprägten Kontingenz an, wie sie dem (strukturellen) Rassismus zugrunde liegt. Denn auf die Formel gebracht lässt sich erkennen: ohne Sexus kein *Gender*,[148] ohne Genus[149] kein *Race*. Es ist also in der Debatte um das Genus-Sexus-Prinzip sprachwissenschaftlich erforderlich, für eine klarere Betrachtung des behaupteten Zusammenhangs zwischen Genus und Sexus (und damit für seine Widerlegung bzw. für die Preisgabe seiner kultürlichen Konstruktion) nicht nur das biologische vom grammatischen *Geschlecht* (Genus-*Sexus*-

---

147 Ein besprochenes Beispiel dazu findet sich ebd., S. 382ff.

148 Zum Verhältnis des genital-physikalischen Korrelats zur Geschlechtsidentität bei Butler siehe Wolfstädter (2021), S. 186ff.

149 „Genus" hier im Sinne der semantischen Wortbedeutungen *Gattung, Art, Geschlecht* etc.

Kopplung) zu unterscheiden und zugleich wieder miteinander korrelieren zu lassen, sondern das auch für das biologische und das grammatische *Genus* (Genus-*Genus*-Kopplung) zu erkennen. Den Grund, dass dieser Sachverhalt im Verborgenen liegt, sehe ich darin, dass der biologische Rassismus anders als der biologische Sexismus im gesamtgesellschaftlichen Kontext kein *kulturweltliches* Phänomen (mehr) ist und es ohnehin keine begriffliche Unterscheidung zwischen dem grammatischen und dem biologischen Genus gibt, sodass unserer Kultur zwar das Sexus-Gender-Korrelat ohne Weiteres inhärent (geworden) ist, dies aber weniger offensichtlich oder unterbewusst beim *Genus*-Race-Korrelat der Fall ist, auch wenn sich bei diesem ebenso gut wie bei jenem eine Kopplung zum grammatischen Genus herstellen und ein entsprechendes Prinzip innerhalb der vorherrschenden Kultursprachlichkeit behaupten ließe.

Um diesen wichtigen Punkt vor Augen zu bekommen, skizziere ich einmal ein Szenario in einer parallel-kontingenten Kultur, die anders als unsere gedacht ist und in der das *Genus*-Race-Korrelat die allgemeingültige Kopplung zwischen Sprache und vermeintlicher Rasse bestimmt. Das erfolgt also ganz so, wie gegenwärtig das vermeintliche biologische Geschlecht durch das Sexus-Gender-Korrelat diskursiv durch die gendergerechte Sprache sozialisiert wird – obgleich Sprache und vermeintliches Geschlecht ebenso wenig etwas miteinander gemein haben wie Sprache und vermeintliche Rasse.[150] In dieser durchaus vorstellbaren Kultur hat der Glaube qua essenzialistischem Fehlschluss an eine biologische Rassizität zwar (wie beim Glauben an das biologische Geschlecht) Bestand, d.h., er gilt schlichtweg als biologische Wahr- und Wirklichkeit und

---

150 Siehe dazu insbesondere Römer (1985).

wird akzeptiert, aber die Gleichstellung der Rassen im gesamtgesellschaftlichen Kontext des Fortschritts wird von einem entsprechenden gesellschaftlichen, politischen und moralischen Willen getragen.[151] Die rassistischen Ideologien, insbesondere jene seit dem ausgehenden 18. Jahrhundert, erfahren nun in unserem Gedankenspiel seit der Mitte des letzten Jahrhunderts lediglich eine Sensibilisierung für die moralische Gleichrangigkeit aller Rassen. Diese Gleichrangigkeit möchte man nun angesichts der vermeintlichen biologistischen Essenzialität der Rassen mittels Sprache gleichrangig zum Ausdruck und damit zur gesellschaftlichen Gleichstellung bringen. Zwar hat sich mit diesem Gleichstellungsstreben die Moral im Lichte der vorherrschenden Arier-Semiten-Binarität geändert, der Glaube an die Existenz der biologischen Essenzialität der Rassen ist hingegen nicht dekonstruiert worden. Eine derartige Gegenwart ist als Folge der früher die Gesellschaft bestimmenden rassistischen Ideologien durchaus denkbar: Es bestünde also kein Zweifel an der Existenz von Ariern und Semiten, deren Identitäten sollten aber in der Ausmalung dieses Szenarios, wie es realiter bei den (biologischen) Geschlechtern kulturweltlicher Fall ist, im Glauben an eine *Genus*-Genus-Reziprozität sprachlich zum Ausdruck gebracht werden. Aus der historischen Perspektive heraus wollen die Semiten nun nicht mehr nur „mitgemeint" sein. In diesem Szenario hätten wir heute vielleicht eine Gesellschaft, in der nicht vorrangig das unterdrückte weibliche Geschlecht, sondern die ungleich behandelten Semiten mithilfe

---

151 Vgl. ebd., S. 125: „Sprachbezeichnungen *arisch, semitisch, indogermanisch* und *germanisch* [wurden] zu Rassenbezeichnungen, wobei *arisch* und *semitisch* von weitaus größerer Bedeutsamkeit waren als *indogermanisch* und *germanisch*."

einer ihre Identität und Herkunft berücksichtigenden Sprache der gesellschaftlichen Gleichstellung und politischen Gleichbehandlung aller Völker, Rassen oder Herkunftsidentitäten jedweder Ethnie überantwortet werden sollen. In diesem Szenario hätte der tatsächliche (historische) Antisemitismus vielleicht weniger wahnhaft zur Vernichtung von Nicht-Ariern geführt, sondern es hätte von vorneherein lediglich anstelle eines patriarchalen ein *ari*archales Klima zwischen den Herkunfts-Identitäten vorgeherrscht, das es nun mit einem *race*ideologischen „Feminismus" zu bekämpfen wäre.

So gesehen ist es den sozialisierten Konstrukten Race und Gender gemeinsam, dass sie *gleichermaßen* in eine genussprachliche Referenzialität gebracht werden können (Genus-Sexus/Genus-Prinzip). Mit ihrer Hilfe können leibliche Akzidenzien jedweder Art zu politischen Hierarchisierungsinstrumenten institutionalisiert werden, indem eine vermeintliche biologische Dichotomie [+ männlich] vs. [– männlich] bzw. [+ weiße Hautfarbe] vs. [– weiße Hautfarbe][152] oder [+ Arier] vs. [– Arier = Semit] „eine einseitige Hierarchisierung [impliziert], die zudem nicht aus linguistischer Notwendigkeit, sondern auf Grund sozialer Bewertung entstanden ist".[153] Erhellend bestätigt werden meine Überlegungen mit der folgenden Feststellung Ruth Römers:

....

152 Vgl. dazu das Kapitel „Klassifikation und Wertung von Menschen" bei Römer (1985, S. 17ff.), wo es beispielsweise heißt: „[D]ie Neger galten weithin als nicht zur menschlichen Spezies gehörig, sondern als dem Affen nahestehend oder selbst als eine Art Affen. Seit dem Mittelalter wurden sie von der Menschheit ausgeschlossen. Auch die französischen Aufklärer bewerteten den weißen Menschen als die Norm, den farbigen als eine Degeneration des weißhäutigen" (ebd. S. 28).
153 Bußmann (1995), S. 138f.

„Eine Klassifikation [der Sprachen, U. W.] ließ sich zu Anfang des 20. Jahrhunderts nicht mehr auf eine ernst gemeinte Korrelation zwischen Sprache und Rasse aufbauen. Zu offensichtlich war das totale Auseinanderklaffen der beiden Erscheinungen. Das bedeutet aber nicht, daß die Rasse mit der Sprache nicht mehr in Zusammenhang gebracht worden wäre. Im Gegenteil, der Rassismus fand neue Wege zu einer Verbindung, und diese war viel tiefer als die vergleichsweise harmlose Gleichordnung. Er [Franz Nikolaus Finck, U. W.] ließ die Sprache direkt aus dem genetischen Potential der Rasse entspringen."[154]

Während nun der offene oder der organizistische Rassismus insbesondere des 19. und der ersten Hälfte des 20. Jahrhunderts heute keinen maßgeblichen Rückhalt mehr in unserer Gesellschaft findet, ist dies in Bezug auf das naturalistisch gedachte, aber in Wahrheit nicht existente biologische Geschlecht noch immer der Fall. Was anderes ist der Glaube an die Notwendigkeit genderideologischen Sprechens, was anderes ist es, wenn man *die Sprache direkt aus dem genetischen Potential* des Geschlechts *entspringen lässt*? So ist in unserer gegenwärtigen Verblendung nicht die weiße Haut das Mittel der privilegierten Vorherrschaft in der Hierarchisierung von Menschen (dieses musste im Zuge des aufklärerischen Fortschritts fallen), sondern heute ist es innerhalb der Kulturen der *magische Penis*[155], der die phallogene Vorherrschaft der Männer im nationalpoli-

....
154 Römer (1985), S. 130.
155 Zum Begriff siehe Wurmser (2017), S. 64 und inhaltlich Wolfstädter (2021), S. 717.

tischen Rahmen installiert – und gegen die sich der feministische Widerstand richtet. Der einzige Unterschied dieser sexistischen Kultursprachlichkeit zu den rassistischen Ideologien ist es allenfalls, dass das essenzialistische Korrelat im letzteren Fall nicht, wie oben ausgemalt, unsere Sprache beherrscht, im ersteren aber geradewegs das heraufbeschwört, was *irgendwie* überwunden werden soll …

* ♀ * ♂ *

Wenn ich im Folgenden nun die gendergerechte Sprache in ihrem landläufigen Gebrauch durchleuchte, dann kann dies nicht ohne die nachdrückliche Bereitschaft des Lesers – und zwar auf beiden Seiten der Frontlinie im Krieg der Gendersterne – geschehen, das genitalistisch grundierte Schlachtfeld der Genderlinguistik zu verlassen, das die jeweils eigenen polemischen Möglichkeiten begünstigt. Darunter fällt insbesondere der Glaube, dass maskulin behaftete Personenbezeichnungen Männer meinen. Verlangt ist also, auch die pointiert sexusbasierte Position bei (feministischen) Sprachpolitiker*innen[156] aufzugeben und offen für die wissenschaftliche Evidenz der Argumente zu sein – gerade mit dem Wissen des Lesers, dass der Autor der vorliegenden Schrift keinen Uterus in sich trägt (er selbst aber in seinem Schambeutel Venuslippen[157] erkennt und in seiner Eichel die Klitoris).

---

156 Vgl. Bußmann (1995), S. 126f.; dort spielt er in dieser Terminologie auf Irigaray (1993, S. 69f.) an; hier siehe Irigaray (2007).

157 Zu den Begriffen siehe die Sendung *Scobel* in 3Sat vom 14.05.2020 (Video in der ZDF-Mediathek abrufbar bis 14.05.2025).

Die hier von mir geforderte Fähigkeit und Bereitschaft für die und zur kultursprachlich unabhängigen Wissenschaftlichkeit hat einen hohen Stellenwert. Um ihre Bedeutung ermessen zu können, muss für die folgende Analyse der gendergerechten Sprache klar sein, warum die hier eingeforderte Akzeptanz der wissenschaftlichen Evidenz so lähmend schwierig ist. So erhellend wie faszinierend ist es, wenn Ulrich Wyss auf sprachwissenschaftlicher Ebene und in seiner Terminologie zu demselben Ergebnis kommt wie ich in meiner sprachphilosophischen Rede von der nackttabulichen Kultursprachlichkeit. Letztere braucht die Genitalscham als vorgängige Bedingung, um überhaupt im Lichte der empirischen Grundkonstanten die lebenswirklich erfahrene Dichotomie des Geschlechts[158] zum Dreh- und Angelpunkt des sprachlichen Identitätsbestimmungsmechanismus innerhalb dieses kultursprachlichen Subjekt-Objekt-Konglomerats haben zu können. Vor der nunmehr mehrmals angekündigten Analyse des landläufigen Gebrauchs der die Geschlechtsidentität berücksichtigenden Sprache bitte ich daher den Leser, sich des folgenden Zitats gewissenhaft anzunehmen, um die genannte lähmende Schwierigkeit in der Akzeptanz (sprach-)wissenschaftlicher Evidenz zu begreifen – *und sie dann abzustreifen*, um für die deeskalierenden Argumente im Krieg der Gendersterne hellhörig zu sein. So schreibt Wyss:

> „Grimms Genuslehre vollzieht die Drehung um 180 Grad, weil ihr Objekt es erzwingt. Dieses Objekt ist nicht die Sprache, es wird jedoch in der Sprachwissenschaft konstituiert. Ist damit aber nicht, wenn schon die Gesetzmäßigkeit des Objekts erhalten bleibt, die Einheit

....
158 Siehe dazu Wolfstädter (2021), S. 144ff.

des erkennenden Subjekts preisgegeben? Darf ein Erkenntnissubjekt seinen Standpunkt einfach wechseln, so lange es einen und denselben Gegenstand untersucht? Grimm hat ein sozusagen schizoides Moment in die Linguistik eingeführt, als er sich dem Prozeß der historischen Differenzierung von sinnlichen Konkreta und geistigen Abstrakta einfach anschmiegte, statt ihn zu objektivieren. Ähnlich dem wilden Denken, das Lévi-Strauss beschrieben hat, erlaubt sich die wilde Philologie dann und wann Verfahrensweisen, die das disziplinierte Denken des europäischen Wissenschaftlers verpönt – verpönen muß, weil es sich auf das Ideal eines autoritären Denkens verpflichtet, dem nichts wichtiger ist als die Konsistenz der Standpunkte, von denen aus argumentiert wird. Die wilde Philologie findet die Sprache als Objekt vor, will sie aber nicht als Objekt benutzen: Aus dieser Aporie ergibt sich die Notwendigkeit, das Subjekt dem Erkenntnisobjekt auszuliefern, nicht über die Sprache zu reden, sondern mit ihr. Hatte die Ablauttheorie den Forscher von der blinden Organizität des Sprachbaus auf den Sinn der Wörter und der Laute geführt, so geht die Genusdarstellung von der Naturtatsache der sexuellen Dichotomie aus und gelangt zu den grammatischen Regularitäten von Flexions- und Wortbildungsklassen. Die Sprache stellt sich dann als ein Objekt dar, das zwischen den Polen des reinen Systems und des reinen Zeichens, zwischen seinem eignen Leben und dem historischen Leben der Menschengattung oszilliert, das es bezeichnet; sie transportiert die Welt und deren Geschichte und hat selber Geschichte. Fast barbarisch würde die linguistische Erkenntnis verkürzt, wollte man dieses Objekt auf einen der beiden Pole festlegen. Foucault hat gezeigt, welchen Preis das 19. Jahrhundert für die Objektwerdung der Sprache zahlen mußte (Les mots et les choses, S. 310ff.)[159]. Um das in der Sprache implizierte geschichtliche Leben explizit zu machen, mußte neben die vergleichende Grammatik die Hermeneutik historischer Texte treten; und um die Wörter wieder in dem beziehungsreichen Glanz ihres Seins glitzern zu lassen, den die Grammatik gelöscht hatte, entstand die moderne Poesie. Jacob Grimms wilde Philologie definiert sich dadurch, daß sie diese Kompensationen nicht nötig hat."[160]

Nun sei im Namen der (Sprach-)Wissenschaft gegen die polemisierende feministische Genderideologie à la Pusch für die endlich durchzuführende Analyse der genitalkorrelierenden Sprachauffassung mit auf den Weg gegeben, *dass es die selbstgeschöpfte Kultursprachlichkeit ist*, die das intendierte Ziel der geschlechtlichen Gleichstellung von innen, d.h. vom kultürlich geprägten Verständnis von Sprache, sprich: kritikinhärent kolportiert. *Es ist eben nicht die Sprache selbst*, die zu diesem hehren Ziel missbraucht werden darf bzw. kann. In Bußmanns Worten:

„Feministische Kritik an der Sprache und ihrer wissenschaftlichen Beschreibung bezieht sich von Anfang an nicht nur auf geschlechts*typische* Asymmetrien in der *Sprachverwendung* (z. B. im Gesprächsverhalten oder im

....
159 Siehe Foucault (1966).
160 Wyss (1979), S. 167.

Spracherwerb), sondern vor allem auch auf geschlechts-*spezifische* Asymmetrien im *Sprachsystem*, insbesondere im Wortschatz (Lexikon), in der Wortbildung und in der Semantik. Während die (…) aufgezeigte Sexualisierung der Grammatik[161] durch einseitig geschlechtsstereotype Analyse der Genuszuteilung im Indogermanischen nicht in den Sprachen selbst, sondern in der Meta-Theorie ihrer Interpreten anzusiedeln ist, müssen geschlechtsspezifische Asymmetrien im Wortschatz, in der Wortbildung und in der Semantik als Basis des zugrundeliegenden Sprachsystems angesehen werden, *dessen unreflektiert sexistische Verwendung* Frauen herabsetzt, verschweigt, also qualitativ bzw. quantitativ der Mißachtung preisgibt."[162]

* ♂ * ♀ *

Beginnen wir endlich die lange angekündigte Analyse mit einem Aufruf des *Vereins Deutsche Sprache e. V.* Unter dem Titel „Schluss mit dem Gender-Unfug!" schreiben Monika Maron, Wolf Schneider, Walter Krämer und Josef Kraus:

„Nicht durchzuhalten: Wie kommt der Bürgermeister dazu, sich bei den Wählerinnen und Wählern zu bedanken – ohne einzusehen, dass er sich natürlich ‚Bür-

....

161 Siehe Bußmann (1995), S. 123–127.
162 Ebd., S. 134. Kursivdruck gemäß dem Original; die Hervorhebung *„dessen unreflektiert sexistische Verwendung"* von mir. Zu dieser unreflektierten sexistischen Verwendung siehe auch Wolfstädter (2021), S. 232ff.

gerinnen- und Bürgermeister'[163] nennen müsste? Wie lange können wir noch auf ein Einwohnerinnen- und Einwohnermeldeamt verzichten? Wie ertragen wir es, in der Fernsehwerbung täglich dutzendfach zu hören, wir sollten uns über Risiken und Nebenwirkungen bei unserm Arzt oder Apotheker informieren? Warum fehlt im Duden das Stichwort ‚Christinnentum' – da er doch die Christin vom Christen unterscheidet?"[164]

Äußerungen wie diese stehen *nicht* für ein als konservative Polemik gebrandmarktes Festhalten an überkommenen und ewig gestrigen Strukturen. Vielmehr sind es Sachverhalte, die die Kritik am Gendern und die Sorge um die Sprache begründen; es sind *Sachverhalte*, die sich die Verfechter eines gendergerechten Sprechens im Sinne ihrer durchaus erstrebenswerten Ziele *eigentlich* auf ihre ideologischen Fahnen schreiben müssten, anstatt im Krieg der Gendersterne zu versumpfen – in der feigenblättrigen Schlacht um Wahrnehmung und Gleichstellung von Geschlechtsidentitäten mit den schambeladenen Mitteln genitaler Letztbewährung.[165]

Nein – ich schäme mich nicht für meinen Penis, nicht dafür, *dass* ich ihn an mir habe. Auch würde ich *mit ihm, das heißt ungeachtet der Tatsache des leiblichen „Habens", losgelöst von den Ketten des Mitmeinens spazieren gehen.*[166] Ich schäme mich aber

---

163 Auch hier ist die einseitige Beanspruchung des ursprünglichen Begriffs für die männliche Geschlechtsidentität enthalten. Denn gerade bei diesem Beispiel steht doch nichts dagegen, dass der weibliche Bürgermeister sich Bürgerinnen- und Bürgermeister*in* nennen müsste.

164 Maron et al. (2019).

165 Vgl. das Kapitel „Sprache und Identität" in Wolfstädter (2021), S. 205ff.

166 Vgl. ebd., S. 215ff.

unsäglich für die Folgen, *die sich aus dem generellen fehlerhaften Gebrauch des generischen Maskulinums ergeben.* Denn der grundsätzliche Fehler liegt nicht allein in der Übergriffigkeit der Gender-Befürworter, die darin besteht, den mit dem Genus Maskulinum behafteten Begriffen ein feminines Sex-Suffix angedeihen zu lassen. Der Fehler liegt in dem Umstand, dass dieses sexistische *In-Suffix im Sinne seiner intendierten Funktion, die Frauen und die geschlechtsidentitäre Vielfalt sichtbar und dadurch gesellschaftlich gleichbehandelbarer zu machen, dem generalmaskulin behafteten Begriff gegenübergestellt wird. So besteht meine Scham sehr subtil darin, dass ich in unserer Kultur als *immer schon gemeint* im maskulin behafteten, eine Person bezeichnenden Begriff blindlinks *gedacht werde.* Das heißt genauer, dass ich durch mein kultürlich zuerkanntes „Mann-Sein" aufgrund meines phallolösen Genitals mit der Sprache verflochten werde, ja dass ich mit einer epistemischen Übermacht versehen werde, gegen die es mir – als Mann (!) – noch nicht einmal erlaubt ist, mich zur Wehr zu setzen. Scham stellt sich ein, weil ich mich gegen das mit der Sprache vermeintlich verwobene *Gemeint(!)*-Sein nicht zu wehren vermag.

Qua Penis ist es also in unserer Kultur ausschließlich Männern versagt, sich beispielsweise, um das oben stehende Zitat des VDS wieder aufzugreifen, als Christen im eigentlichen bedeutungsvollen, sprich vom Sexus losgelösten Sinne zu verstehen. Frauen hingegen ist eben genau das möglich, weil ein „Christinnentum" schlichtweg segregativer Irrsinn ist. Der Mann hingegen *kann das* aufgrund des landläufigen falschen Verständnisses und fehlerhaften Gebrauchs des Genus Maskulinum *gar nicht erst*. Er wird mit seinem genitalen Äquivalent der geschlechtlichen Identitätsbestimmung *fast schon vorgängig, jedoch fatal falsch* als ohnehin schon im Begriff synonym enthalten gedacht. Männern wird der Status des mit dem originären Begriff verwobenen *Gemeint-Seins* ungefragt verliehen, während bei allen anderen Menschen ohne klar erkennbaren oder zumindest unterstellbaren Penis der feste Glaube besteht und wirkt, dass sie als penisdeviante Menschen [also – männlich] mit einem an den eigentlichen Begriff angehängtes *In-Suffix aus dem *Nur-mitgemeint-Sein* geholt werden müssten. Dieser bislang unerkannte Sachverhalt führt die gewöhnliche Klage:

„Insofern als die Frau nicht in einem autonomen, positiv gesetzten Sinne Anderes ist, wie B zu A, läuft ihr Nicht-A-Sein auf eine negative, mindere, schwächere, kleinere Version von A hinaus. Das ist es, was ihren ontologischen ebenso wie ihren gesellschaftlichen Status sekundär macht: Der Zutritt zu den symbolischen und materiellen Ordnungen der ‚Welt' ist ihr verwehrt, aber doch ist sie nicht frei und unabhängig, sondern ihnen unterworfen, d. h. sie ist gezwungen, Gesetzen zu gehorchen, an deren Setzung sie keinen Anteil hat."[167]

Tatsächlich kann im Lichte dieses Glaubens der Krieg der Gendersterne im Gerangel um die gesellschaftliche und politische Gleichstellung der Geschlechter nicht beigelegt werden. Denn das gesellschaftliche Ereignis, das sich hier manifestieren muss, ist die Erkenntnis, dass Personen des sogenannten männlichen Geschlechts *nicht anders als jene des sogenannten weiblichen* allenfalls immer nur mitgemeint sind: Ein Sänger ist eine *Person*, die singt; es ist keineswegs „eine *männliche* Person,

....
167 Klinger (1995), S. 42f.

die singt", wie es auf duden.de heißt. Wer oder Werie das nicht einsehen will, ist der/die Handwerker:in seiner/ihrer selbsterfüllenden Prophezeiung, indem und weil nicht erkannt wird, dass es eigentlich die Handwerker*er*:innen heißen müsste.

Ich schäme mich dafür! Ich schäme mich dafür, dass alle Welt an das sexuelle *Gemeint-Sein* mit dem in diesem Kontext sogenannten generischen Maskulinum glaubt; dass den Männern das Patriarchat geradewegs durch die in der gendergerechten Sprache liegende Ideologie ermöglicht und gesichert wird – und nolens volens leider auch unbemerkt mit den Argumenten der Gendergegner, wenn es etwa wie oben angeführt heißt, dass sich der Bürgermeister natürlich „Bürgerinnen- und Bürgermeister" nennen müsste, wenn er sich bei seinen Wählerinnen und Wählern bedankt. Das ist zwar ein gutes (Gegen-)Argument. Mit ihm wird jedoch auch übersehen, dass der Bürgermeister, wäre es etwa in Freiburg Monika Stein geworden, sich im Sinne des hier behandelten Arguments Bürger*er*- und Bürger*innen*meister nennen müsste, wenn er sich bei seinen Wähler*er*n und Wähler*innen* bedankt.[168] Das Argument ist aus dem Grund kontraproduktiv, weil man mit ihm das *penitale* Gemeint-Sein – ungewollt, unterbewusst, kultürlich konditioniert oder gar beflissentlich in abgebrühter Intuition? – im allgemeingültigen Begriff *bewahrt*. In sprachwissenschaftlicher Gewissheit gesprochen aber *meint* der mit dem Genus Maskulinum behaftete Begriff, wenn man so will, den uteralen Menschen (oder im kulturellen Kontext gesprochen die Frau)

....

168 Das Spiel, dass es auch einen Bürger*er*meister*er*, einen Bürger*innen*meister*er*, eine Bürger*er*meister*in* oder eine Bürger*innen*meister*in* geben müsste, einmal beiseitegelassen.

genauso wie den Mann bzw. es ist bei ihm vice versa im landläufigen Glauben gesprochen der Mann ebenso nur *mit*gemeint wie die Frau. In Wahrheit aber besteht in der Sprache als solcher gar keine auf die Genitalien zielende Korrelation – weder, wenn der Bäcker eine Vulva hat, noch dann, wenn er keine hat.

Unbestreitbar ist es doch so, dass der schon erwähnte Flaschenöffner im Sinne des gewöhnlichen Gebrauchs des Begriffs zunächst keinen Penis hat, sondern einfach nur Flaschen öffnet.[169] Wahrscheinlich wird das jeder (*nein*, ich sage jetzt nicht: oder jede) einräumen. Nun soll er [anaphorischer Platzhalter für den Begriff des Flaschenöffners] auf wundersame Weise aber doch einen Penis haben, und zwar unumwunden dann, wenn mit derselben administrativen Funktion, die mit dem Begriff zum Ausdruck gebracht wird, kein Gegenstand, sondern eine Person bezeichnet wird. Mir ist offen gestanden völlig schleierhaft, wie das möglich sein soll. Denn darüber hinaus einmal nachgefragt: Müsste im Lichte dieses Denkens nicht jede *Person* qua des Genus, das diesem sie bezeichnenden Begriff anhängt, eine Vulva haben? Und wenn sie keine hat, darf sie dann keine Personenbeförderung in Anspruch nehmen?

* ♂ * ♀ *

Spielt diese Frage nicht auch in die Diskussion um die sogenannte Transsexualität hinein? So ist von Menschen, die sich als transsexuell verstehen, häufig der eigentlich völlig richtige Wunsch zu hören, ihre Identität nicht am Vorhandensein eines Penis oder einer Vulva dingfest machen zu lassen. Dabei hat sich bei sich transsexuell verstehenden Menschen der Begriff

....
169 Siehe oben S. 58f.

der Transidentität durchgesetzt, gerade weil sie sich nicht auf ein Geschlechtsteil reduzieren lassen wollen. Doch das sind im Grunde zwei einander widerstreitende Ansätze. Denn wenn das Sexuelle, die Genitalität, nicht das ausschließliche Identitätsstiftende sein soll, dann macht es wenig Sinn, von einer Transidentität zu sprechen, weil diesem Begriff doch gerade die Geschlechtsumwandlung als Bedeutung zugrunde liegt und somit die Identität doch wieder auf die vulverale oder penitale Geschlechtlichkeit zurückfällt.

Machen wir uns diesen grob umrissenen Sachverhalt zunutze, um zu erkennen, dass unsere sex- und genderbetonende Kultursprache – ganz anders als von ihren Verfechtern beabsichtigt – zu Verwirrung und noch mehr Ungleichheit der Geschlechter führt. Denn wie beim Planeten Venus, der als Abend- oder Morgenstern bezeichnet werden kann,[170] liegt auch hier *dieselbe Logik* vor, wenn wir Begriffe sexifizieren, weil sie damit einen anderen Sinn erhalten: „*Die* Schüler*in*" meint etwas anderes als „*der* Schüler(*-er*)", und *beide Wörter* unterscheiden sich durch ihre Sexifizierung vom eigentlich zugrunde liegenden Begriff „der Schüler", indem die eigentliche *Intension des Gemeinten* des eigentlichen Begriffs beim Sprechen nicht bewusst ist. Das ist im Übrigen auch ein Zeichen des wachsenden soziokulturellen Drucks, der sich gegenwärtig dem Empfinden nach aufbaut, und verstärkt ihn noch. Wir reden in der Summe nicht mehr begrifflich über Bedeutungen, sondern fühlen uns stattdessen von ihnen, weil wir sie nicht verstehen oder unbedarft mit ihnen hehre Ziele verfolgen, persönlich, ja sogar in unserer Identität zurückgesetzt. Daher versucht ja auch *frau*, sprich Mann und Frau, vermeintlich identitätsstiftende

---

170 Frege (2008).

Unterschiede, in aller Regel das eigene biologische Geschlecht, in Begriffen, die im Eigentlichen bar aller biologischen Geschlechtsmerkmale sind, zum Ausdruck zu bringen.

Sage ich beispielsweise meinen Schülern: „Wer [was kollektiver Singular Maskulinum ist] fertig ist, vergisst bitte nicht, seinen Namen auf dem Blatt zu notieren", fühlt sich doch *jeder*[171] jedweden Geschlechts, der sich in der bezeichneten administrativen Funktion des Schüler-Seins wiederfindet, angesprochen. Der Grund ist so einfach wie tiefgründig: Es fühlt sich deshalb jeder angesprochen, *weil die geschlechtlichen Akzidenzien völlig unerheblich sind*. Deshalb ist es irrsinnig und völlig übergriffig zu sagen: „Wer fertig ist, vergisst bitte nicht, *seinen* oder *ihren* Namen auf dem Blatt zu notieren." Denn das hieße, meine (Schülerinnen und) Schüler(er) sollten entweder den Namen irgendjemandes *anderen*[172] notieren oder eben ihren jeweils eigenen, was dann unter Verweis auf die Geschlechtlichkeit der Schüler nur grammatisch falsch geschehen kann. Wozu sollte das gut sein, wenn nicht zur Beruhigung einer ideologisch verqueren und vergeblichen Identitätssuche auf bedeutungsloser Ebene?

Entgegen der ideologischen Beschwörung des Genus-Sexus-Prinzips in manchen wissenschaftlichen Kreisen feministischer Sprachkritik, die im generischen Maskulinum den Mann erblickt, sei darauf hingewiesen, dass bei Begriffen wie der Sprecher, der Schüler, der Förster, aber *gleichwohl* auch bei der

---

171 Auch hier gilt wieder, nicht „jede" an das „jeder" beizufügen (s. oben S. 91). Was machte es in der Fortführung des Satzes mit „jedwedem Geschlecht" für einen Sinn?

172 Dem Sinn nach handelt es sich beim Begriff des *anderen* m. E. um ein unvermeidbares generisches Maskulinum.

Mensch, die Pflegekraft, die Person oder das Mitglied die biologische Geschlechtlichkeit weniger wichtig ist, als es bei Begriffen wie der Säugling, das Kind oder der Jugendliche (Junge/Mädchen bzw. Sohn/Tochter), die Eltern (Vater/Mutter), die Geschwister (Schwester/Bruder),[173] der Erwachsene (Mann/Frau), das Pferd (Stute/Hengst) und anderen mehr der Fall ist. So können wir zunächst an diesen Begriffen sehen, dass sie, je mehr sie sich in ihrer (allgemeinen unabhängigen) *Bedeutung* auf das biologische Geschlecht des Trägers beziehen bzw. das Geschlecht die Bedeutung jener Begriffe kulturell bedingt, ihre general*weibliche* Sexualversuffizierbarkeit verlieren – indessen nie*frau*d aufzufallen scheint, dass sich auch die Männer in diesem Verzicht üben müss(t)en. Denn wenn neben dem Schüler eine Schülerin propagiert wird, warum dann nicht neben dem Vater eine Väterin, oder neben der Mutter ein Mutterer? Immerhin wird doch, mit Andreas Urs Sommer gesprochen, in der europäischen Gegenwart nicht nur beinahe jeder Lebensentwurf akzeptiert, sondern jeder Lebensentwurf soll sogar Anerkennung und Achtung finden (sofern „man sich nicht gerade an kleinen Kindern" vergreift, wie er beifügt).[174] Ganz zu schweigen auch von dem Lob der subjektivistischen Selbstbildfähigkeit im Neo-Existenzialismus Markus Gabriels.[175] Fällt der feministischen Sprachkritik nicht ihre eigene Ideologie auf

---

173 In der Verwandtschaftsterminologie wie Vater und Mutter, Bruder und Schwester usw. stellt Tyrell (1986, S. 473ff. insb. S. 475) die Geschlechtsbestimmungen als die Kernelemente heraus. Kotthoff/Nübling (2018) scheinen vor dem Hintergrund dieses Sachverhalts das Genus-Sexus-Prinzip als begründet anzusehen (siehe z. B. ebd., S. 174).

174 Siehe und vgl. Sommer (2016), S. 161 und Wolfstädter (2021), S. 213.

175 Siehe Gabriel (2020) und Wolfstädter (2021), insbes. S. 367ff.

die Füße, indem sich ihre Verfechter in ihrer eigenen Logik heillos inkonsequent verstricken?

Gehen wir für eine klarere Betrachtung dieses kultürlich vertrackten Irrsinns einen Schritt zurück und blicken noch einmal auf die oben herausgearbeitete Feststellung, dass Begriffe ihre (weibliche) Sexualversuffizierbarkeit verlieren, je mehr die kultürliche Bedeutung eines Begriffs mit dem (vermeintlichen) biologischen Geschlecht des mit dem Begriff bezeichneten Menschen verwoben ist. So gilt es vor weiteren Betrachtungen und Schlüssen, die sich aus diesem Sachverhalt ergeben oder ziehen lassen, ins Bewusstsein zu rufen, dass es eigene begriffliche Ausdrucksmöglichkeiten gibt, wenn die spezifische genitalseparative Leiblichkeit eines Menschen (landläufig und falsch gesprochen also das biologische Geschlecht) für den personalen Träger eines Begriffs von Bedeutung ist. Es kann also sinnvoll sein, nicht etwa zu sagen, dass mein Kind beim Arzt ist, sondern dass meine Tochter oder eben mein Sohn es sei, da die Genitalien, die dem Träger qua dieser Begriffe zugeschrieben werden, von medizinischer Bedeutung für die ärztliche Behandlung sein können. *Die Genera der Begriffe selbst aber*, auch dann, wenn die Begriffe auf eine biologische Geschlechtlichkeit rekurrieren, sind *immer* ohne einen Zusammenhang mit dem biologischen Geschlecht des bezeichneten Menschen oder Tieres (sprich jedweden Leibes). Es heißt zwar *der* Junge oder *die* Person – aber im *nicht-kultursprachlichen Sinne* eben nicht aufgrund des männlichen oder weiblichen Geschlechts des bezeichneten Menschen (denn *der* Mensch, und mag auch ein individueller gemeint sein, ist durchaus in der Lage, mit seinen Brüsten ein Kind zu stillen), sondern allenfalls im Bann des Glaubens an das Genus-Sexus-Prinzip.

Es kann also ein Mensch ohne Uterus (gemeinhin Mann) nicht *leiblicher* Mutterer werden. Das bedeutet aber nicht, dass hier der Begriff des Mutter-Seins mit dem Gegenstand, den er bezeichnet, identisch ist (Wittgenstein deckte diesen Kategorienfehler auf). Dass wir Menschen mit Penis Junge oder Mann nennen, obliegt der kultürlichen Konvention, nicht dem Haben eines Penis. Das Gleiche ist beim Begriff der Mutter der Fall: In dessen Funktion kann im Sinne des bezeichnenden Begriffs auch ein Mensch stehen, der kein Kind zur Welt gebracht hat – und dieser Mensch muss nun nicht Mutterer genannt werden, sondern schlicht Mutter *mitsamt dem femininen Genus, der diesem Begriff anhaftet*. Nicht anders also, wie es im Wesentlichen allenfalls weibliche oder männliche Schüler geben kann, kann es männliche oder weibliche Mütter oder Väter geben bzw. leibliche Väter, die ausschließlich männlich sind, oder leibliche Mütter, die ausschließlich weiblich sind – vorausgesetzt, dass dies überhaupt eine Information wert ist. In der geforderten gesellschaftlichen Kultur der sexuellen und geschlechtlichen Vielfalt müssten wir hingegen unter den Bedingungen der politischen Gleichstellung im Lichte des Glaubens an das Genus-Sexus-Prinzip von Mütter*innen sowie von Väter*innen sprechen – oder darf eine Person keine Mütter*in* sein, wenn sie ihr Kind nicht selbst ausgetragen hat, oder etwa eine andere Person kein Mutter*er*, weil sie gerade dies ob des fehlenden Uterus nicht kann?

Ich stelle hiermit heraus, dass das Mutter-Sein durch seine kultürliche Sexualkonnotation mit der als weiblich bezeichneten Genitalität ein gesellschaftspolitisches Konstrukt innerhalb der binärhierarchischen Heteronormativität der Geschlechter ist. Denn tatsächlich liegt der blinde Fleck, der die Erkenntnis dieses Sachverhalts erschwert oder gar verhindert, im Grunde des Glaubens an das Genus-Sexus-Prinzip (das die feministisch geführte Sprachkritik nicht aufbricht, sondern sedimentiert). Es ist nicht die „Mutter", über welchen Begriff die Bedeutung an die mit ihm bezeichnete Person gebunden ist, da das ebenso gut ein Vater sein könnte, sofern man denn Menschen, die Kinder gebären, so nennen würde. Es ist hingegen der Glaube, dass das *Genus* eines Begriffs, hier also der Mutter (f.), dem bezeichneten Gegenstand entspringe. Dies gilt gemeinhin als eine genderlinguistische Wahrheit im Mantel der Sprachwissenschaft, ohne dabei zu bemerken, dass *Inhalte deshalb nicht verstanden oder missverstanden werden können, weil kulturgebundene Frames, die zur Auflösung der philosophischen Textsemantik notwendig sind, im landläufigen Sprachgebrauch sowie in der (Sprach-)Wissenschaft angelegt sind.*[176]

Diese Gedanken lassen sich zur klärenden Abrundung ihres Verständnisses von hinten aufrollen: So kann von den in ihrer Bedeutung auf das biologische Geschlecht bezogenen Begriffen (z. B. Sohn/Tochter) und ihren übergeordneten Begriffen (Kind) zu jenen übergegangen werden, die auf der sprachlich *bedeutungsvollen*, sprich nicht-kultursprachlichen Ebene gar keine geschlechtsbezogene Differenzierung mehr aufweisen (z. B. Lehrer oder Schüler): Wir sagen ja nicht „Meine Kind*in* ist beim Arzt." Das klingt kakophonisch, steht aber in der Logik der gendergerechten Sprache, die übersieht, dass der Begriff des Kindes durch ihm untergeordnete Begriffe geschlechtlich ausdifferenziert werden kann, sodass die Kakophonie des gegebenen Beispiels sich allein daraus ergibt, dass es ganz überflüssig ist, den Begriff des Kindes zu versexualsuffizieren. Wir müssen es schlichtweg in unserer Kultur, in der sich eigene Begriffe

....
176 Vgl. oben S. 20.

für geschlechtsbezogene Bedeutungsgehalte entwickelt haben, insbesondere in den Fällen der Verwandtschaftsbezeichnungen nicht tun. Man glaubt aber gemeinhin, dass dies bei allen Begriffen der Personenbezeichnungen getan werden müsse, und zwar vor allem dann, wenn der Begriff das movierte Ergebnis des Substantivierungssuffixes „-er" ist – wie der Bäcker aus backen – und es keine sexualspezifischen Unterbegriffe gibt. Warum, so muss ich hilfefragend ausrufen, hält man das für notwendig? Warum wird der öffentliche Diskurs von dem Glauben beherrscht, der Bäcker bezeichne Männer, wenn das doch allenfalls mit dem Begriff des Bäckerers geleistet werden könnte! Warum gibt es den Begriff *der* (f.) Wochner [Gen. Sg.] nicht,[177] wenn es doch den der Mutter oder der Tochter gibt? Wäre es in Analogie zum gebräuchlichen Begriff Wöchnerin nicht folgerichtiger, wenn sich auf diese Weise auch der Begriff der Mütterin aus „der (m.) Mutt*er*" ableiten würde, ganz so wie die Wöchnerin aus „der (m.) Wochn*er*", obwohl und weil es ihn wie auch die männlich-leibliche Mutter nicht gibt? So will ich zu bedenken geben, dass der Begriff Wochner mit gleichem Fug und Recht das feminine Genus haben könnte, wie es auch der der Mutter oder Tochter hat.

* ♂ * ♀ *

....

177 Payr (2021, S. 6f.) spricht m. E. falsch von *Wöchner* (m.) als theoretische und unmarkierte Ausgangsform für die spezifisch weibliche Form Wöchnerin (vielleicht aber auch nicht). Es wirft sich ungeachtet dessen jedenfalls die Frage auf, weshalb es zwar „die Mutter" gibt, nicht aber „die Wochner", wenn in diesem wie in jenem Fall kein männliches Pendant existiert. Kann denn der Vater das Pendant zur Mutter sein? Und wenn ja, warum sollte es keines zur Wochner (f.) geben?

Eine mit einem grammatischen Subjekt bezeichnete *Tätigkeit* hat kein Geschlecht, wie eben das Backen. Ein menschliches Subjekt, das in administrativer Funktion dieser es bezeichnenden Tätigkeit steht, kann das auch nicht haben, *es* (anaphorischer Platzhalter) ist Bäcker: Selina *backt* Brot. *Sie* (anaphorischer Platzhalter) ist *der Bäcker* (als allgemeingültig markierter Begriff) des Brotes (das weder eine Vulva noch einen Penis oder jeweils zwei davon oder irgendetwas dazwischen oder anderes hat). Diese Regel gilt in analoger Weise auch für Begriffe, die sich auf Personen mit männlichem Sexus beziehen, bei denen die sie bezeichnenden Begriffe aber das feminine Genus haben: Sven *hilft* aus. *Er* ist *die Aushilfe* in der Bäckerei. Lesen wir also, um beim Beispiel zu bleiben, in einer Bäckerei (oder Bäcker:innenei?!) das Schild: „Zutritt nur für Mitarbeiter*innen" (in Übersetzung der Intension des Gemeinten heißt es wohl: „Zutritt nur für Personen, die in diesem Betrieb in administrativer Funktion mitarbeiten"), kann an Svens Zutrittsberechtigung gezweifelt werden: *Er* (maskuliner anaphorischer Platzhalter) ist Person (f.) und Aushilfe (f.) in der Bäckerei (f.). Das sind doch zwei ihn bezeichnende Feminina, die Sven (in der auf dem Schild zu lesenden Kultursprachlichkeit) paradoxerweise als penital ausgestatteten Mitarbeiter mutmaßlich auszeichnen, womit ihm zu unser aller Beruhigung der Zutritt in eine vulverale Einrichtung (*die* Bäckerei) gewährt ist. Obwohl nun aber die Frühstücksbrötchen gesichert sind, sträuben sich mir bei dem Ganzen die Haare – nicht wegen der Überlegung selbst, sondern wegen der genderideologischen Sprachkritik, die in ihrer verqueren Logik zu derartigen Überlegungen zwingt. Denn Sven könnte seinem Chef auch fragen, warum er als in der Bäckerei eingestellte Person und Aushilfe in der Bezeichnung als Mitarbeiter einen Penis haben muss, um zutrittsberechtigt zu sein, warum er also ein Mitarbeiter*er* sein muss, um in den Kreis der Zutrittsberechtigten zu kommen, und nicht einfach ein Mitarbeiter etwa mit Vulva, wie er auch eine Aushilfe mit Penis ist. Er könnte seinen Chef (Vorsicht: Ist es ein Mann oder eine Frau …?) im Sinne der angestrebten Gleichstellung der Geschlechter, die mit dem Schild intendiert ist, auch bitten, die Aufschrift um den Zusatz „… sowie Aushilf*erer" zu ergänzen. Er wisse andernfalls nicht, ob er als Mann auch wirklich mitgemeint sei. Und sollte jemand, der die Aushilfe Sven nicht beim Namen oder persönlich kennt, sich nach dieser aus irgendeinem Grund erkundigen und z. B. fragen, wo *sie* (die Aushilfe, *nicht Sven!*) sei, dann muss die grammatikalisch richtige Antwort von der antwortenden Person, die Sven kennt, mit dem anaphorischen Platzhalter im femininen Genusbezug gegeben werden: „*Sie* (die Aushilfe, das heißt *Sven*) ist auf der (Männer-)Toilette."

* ♀ * ♂ *

Worin liegt nun die den Begriffen zugrunde liegende Intension des Gemeinten? Anders und gezielter gefragt kristallisiert sich das Problem erst richtig heraus, wenn mit der Analyse der genitalkorrelierenden Sexuallinguistik eruiert wird, inwiefern die Intension des eigentlich Gemeinten durch den gendergerechten Sprachgebrauch nicht nur nicht verfehlt, sondern zerstört wird. Eine Analyse des Begriffs „Bürgerrechtsbewegung" kann das deutlich machen. Wenn wir zunächst das Wort „Bürger" aufgrund eines Bezugs auf einen als weiblich erachteten Menschen sexifizieren, verlieren wir den eigentlichen bedeutungsvollen Gehalt des Begriffs und erhalten stattdessen unterbewusst einen völlig anderen Sinn, der uns in die vorherrschende kultursprachliche Art des Meinens geraten lässt. Denn der Ausdruck *Bürgerin* muss etwas anderes meinen als der eines *Bürgers* (oder eines Bürger*ers* im sexifizierten Sinn). Die Konsequenz daraus kann nur eine Debatte auf unwesentlichem Gebiet sein (auf dem der Art des Meinens). Es wird um Sexismus und Ungleichheit gestritten, ohne zu merken, dass man gerade das, worauf man sich eigentlich bezieht: das genitalunabhängige und damit Gleichheit herstellende *Bürger-Sein*, aus den Augen verloren hat. Hier zeigt sich Walter Benjamins Paradoxon – ein Streit um Bedeutung, wo keine vorhanden ist.[178]

Ein *automatischer Fortschrittsprozess in Richtung Geschlechtergerechtigkeit*[179] hängt also davon ab, die Intension des Gemeinten in den Blick zu bekommen. Dies kann aber nur mit einem richtigen Sprachverständnis gelingen. Die Grundlage einer lösungsorientierten Diskussion ist deshalb *nicht* eine geschichtliche Würdigung der Frauenrechtsbewegung oder des Frauenwahlrechts und ihres Durchbruchs allein als Erfolg von Bürger*innen*. Denn das hieße, zumindest im Zusammenhang der Logik des gendergerechten Sprachgebrauchs, immer auch ein Erfolg in Abgrenzung etwa zu einer Männerrechtsbewegung oder zum Männerwahlrecht – ein Erfolg, der so verstanden gegen *Männer* zielt und nicht nur gegen die Privilegierung der Männer oder heterosexueller Paare, die sich nicht weiter rechtfertigen lässt. Dies wäre also ein Erfolg, der auf der Grundlage der Definition zweier *verschiedener* Dinge (Männer- und Frauenwahlrecht) gefeiert wird. Hier driftet also der Sprachge-

---

178 Siehe Benjamin (2019) und Wolfstädter (2021), S. 241ff.
179 So die Worte des Politologen Beate Rosenzweig. Sie sieht in der Einführung des Wahlrechts für Frauen im Jahr 1919 zwar einen Durchbruch für mehr Demokratie, aber keinen wirklichen Fortschritt einer geschlechtlichen Gleichberechtigung (vgl. *Der Sonntag*, 13.01.2019, S. 3).

brauch von der Intension des Gemeinten – dass das Frauenwahlrecht nicht gegen das Männerwahlrecht gerichtet ist, sondern lediglich gegen die Privilegierung der Männer – nahezu unmerklich ab in einen identitätsalteritären Sexismus, der die Gleichheit *per differentiam specificam* auszutarieren versucht. Mit Blick auf den Begriff der Bürgerrechtsbewegung lässt sich also sehr gut sehen, dass die genderideologische Sprachkritik kein geeignetes Mittel ist, den im Grunde völlig geschlechtslosen Inhalt der Auseinandersetzung auf kultursprachlicher Ebene sinnvoll zu Ende zu denken, ohne geradewegs dort zu landen, von wo man sich doch zielstrebig wegzubewegen gedachte. Denn dass Frauen das Wahlrecht verwehrt wurde, ist nicht zuletzt das Produkt des kultursprachlichen Glaubens, *dass Bürger allein Männer seien und nur sie das Wahlrecht besäßen* ...

Hat man sich die sprachphilosophische Aufgabe zu eigen gemacht, lassen sich *Menschen*rechtsbewegungen wie etwa die eben betrachtete Bürgerrechtsbewegung außerhalb der feministischen Sprachkritik unabhängig von den genitalleiblichen Akzidenzien des Menschen auf den bedeutungsvollen intentionalen Begriff des Gemeinten bringen und patriarchaldekonstruierend verstehen. Auf diesem Wege begehen wir auch nicht den Fehler, Menschen, die keine landläufig sogenannten weiblichen oder männlichen Geschlechtsteile aufweisen, also gar keine, beide oder Devianzen davon haben, zu diskriminieren. Mit der Genderrede von Mensch:er*innen lassen sich hingegen gerade nicht die *durch sie* diskursiv evozierten genital beschnittenen *Bürger*rechte in Gleichheit aller in einer Stadt lebenden Menschen herzustellen – es sei denn, es geht doch um Bürger:er*innenrechte ...

*♀ ♂ * ♂ ♀ *

Es ist vor dem Hintergrund des Erörterten von ungeheurer Wichtigkeit, im Ringen um politische und gesellschaftliche Gleichheit *aller* Menschen *die Sprache als solche in ihrer asexuellen (genauer sozusagen in ihrer a-akzidenziellen) Natur* zu verstehen und nicht als ein Instrument kultürlicher Verblendung zur (unterbewussten, wenngleich meist unbedarft ungewollten) Errichtung rassistischer und sexistischer Machtstrukturen zu ge- oder missbrauchen. Oder wurde schon einmal erwogen, *dass* und vor allem w*arum* bei den Personalpronomen das vermeintliche biologische Geschlecht – anders gesagt und fokussierter gesprochen das Genus-Sexus-Prinzip bei *ihnen*, sprich beim *Ich, Du, Wir, Ihr und Sie* – keine Rolle in der genderideologischen Sprachkritik zu spielen scheint?

„„Die Sprache an und für sich selbst betrachtet ist der einzige wirkliche Gegenstand der Sprachwissenschaft."[180]

„„Ebensowenig kann ich glauben, daß zwischen Kultur und Sprache ein ursprünglicher Zusammenhang besteht."[181]

Zunächst möchte ich für die folgende Überlegung vorbereitend zu bedenken geben, dass die sogenannten Personalpronomen der sogenannten 3. Person *er*, *sie* und *es* in Bezug auf vorangehende Begriffe der Kongruenz geschuldete Wörter sind, weil die Begriffe, die sie wiederaufnehmen, allgemeingültig bestimmt sind, sodass ihr Zweck darin besteht, anaphorisch

---

180 Zitiert nach Römer (1985), S. 151, verwiesen wird dabei auf De Saussure (1967), S. 279 (nicht aufgefunden).
181 Römer (1985), S. 151.

die Wiederaufnahme von Begriffen zu ermöglichen, ohne sie selbst nochmals explizit wiederholen zu müssen. Es ist also nachvollziehbar, weshalb diese Begriffe mit *kongruenz*herstellenden Pronomen wiederaufgenommen werden müssen, wenn sie im Fortgang des Sprechens nicht wiederholt werden sollen oder können. In ihnen liegt kein sexusbezogener Inhalt vor, wenn gesagt wird: „Der Bleistift ist Stumpf. *Er* muss gespitzt werden", oder in einer anderen Formulierung in einem Satz mit Relativpronomen: „Der Bleistift, *der* stumpf ist, muss gespitzt werden." Genauso wenig ist das in „der Mann, *der* ..." oder „die Aushilfe, *die* ..." der Fall. Was hier im *sprachlichen* Sinne wieder aufgenommen und fortgeführt wird, ist, wie oben festgestellt, der *genus*behaftete Begriff, nicht die mit dem Begriff des Mannes kultursprachlich unterstellte sowie von der Frau alterierende Genitalität.

Dieser Sachverhalt erlaubt es, in einem weiteren Schritt die behauptete Unabhängigkeit der besagten Pronomen qua ihres *Plurals* bestätigt zu sehen. Wenn wir sagen: „Das Mädchen und der Junge lachen. *Sie* haben Spaß mit ihren Eltern" (warum geht hier niemand auf die Barrikaden? *Wer* genau ist denn mit dem *Sie* „nur mitgemeint"?), dann führt es in der Konsequenz einer sexualisierten Sprache zu einem Widerspruch, weil das Mädchen und *auch der Junge* mit dem sie wiederaufnehmenden Pronomen „sie" nicht jeweils und vermeintlich *sexus*kongruent wiederaufgenommen werden (können) – es sei denn man fährt fort: „Sie* haben Spaß mit ihren Eltern." So ganz zu verstehen ist jedenfalls nicht, weshalb die feministische Sprachkritik hier unterbleibt oder sich keine maskulistische formiert. Nun zeigt sich aber hier, dass es im Grunde die Begriffe *im inhaltlichen Sinne* sind, die das biologische Geschlecht transportieren – *nicht die Genera*, mit denen sie behaftet sind. Das heißt: Das kultursprachlich angewandte Genus-Sexus-Prinzip entpuppt sich als ein trojanisches Werkzeug innerhalb des blinden Sexismus unserer Kultur, indessen ist dieser Umstand die vorgängige Bedingung genderideologischer Sprachkritik, wenn es darum geht, mittels Sprache das Genus mit dem Sexus zu verquicken.

Warum heißt es nicht einfach: Die *Kinder/Jugendlichen* lachen. Sie haben Spaß mit ihren Eltern?

Wie ist dieser Sachverhalt auszuwerten? Warum verfällt man beim Artikel „die" in Bezug auf generalmaskuline Begriffe im Plural einem phallogösen Wahn, in Bezug auf das vermeintliche Personalpronomen der 3. Person Plural „sie" aber nicht? Sind es die genitalen Luftschlösser im Bann identitätszuschreibender Selbstverzauberung, in der der Krieg der Gendersterne in Analogie zu Don Quichote als wahnhafter Kampf gegen Penisse geführt wird, während man in Wirklichkeit *der Sprache als solcher* Gewalt antut? Auch Don Quichote meint gegen Ritter kämpfen zu müssen, während er gegen Windmühlen anrennt.[182]

Doch es gibt noch etwas, das in diesen Zusammenhang fällt und bedacht werden muss. Denn mehr noch als es bei Substantiven der Fall ist, werden die vermeintlichen Personalpronomen der 3. Person Singular sexifiziert. Das ist zwar im sprachwissenschaftlichen Sinne in Bezug auf die Sprache als solche nicht möglich, da sie sich anaphorisch (im Rückwärts- sowie im Vorwärtsbezug) auf Begriffe beziehen – *und zwar ausschließlich deshalb*, weil ihre Bezugswörter *ein Genus haben*, und nicht, weil ein kultursprachlicher Nexus zum als weiblich oder männlich performierten Genital konstruiert würde. Dennoch wird

---

182 Zur Erzählung „Don Quichote" siehe Cervantes Saavedra (2022).

in der Folge allgemein, ob nun unbemerkt oder reflektiert, ihre eigentliche *Funktion* in einen sexuellen Bedeutungsgehalt umgewandelt, sodass mit ihnen weniger die generalkongruente Wiederaufnahme oder die Vorwegnahme des Bedeutungsgehalts ihrer Bezugswörter vorgenommen wird, sondern eine geschlechtskongruente im biologisch genitalen Sinne. Denn wenn wir „er" oder „sie" hören, dann bedeuten sie uns nicht das, was sie im Grunde sind, nämlich anaphorische Platzhalter, sondern wir hören und meinen damit das entsprechende biologische Geschlecht, an das man glaubt und das diskursiv zum Bedeutungsgehalt dieser Personalpronomen gemacht wird.[183]

* ♀ ♀ * *

Mit diesem Hintergrund möchte ich einen Vorschlag anderer Art machen: Von sich „nur mitgemeint" fühlenden Personen wird (auch außerhalb von Puschs Totaler Feminisierung) zuweilen vorgeschlagen, das generische Maskulinum durch das Femininum zu ersetzen, also beispielsweise nur noch von „Schülerinnen" zu sprechen – man(n) werde dann erfahren, wie es sei, *nur mitgemeint* zu sein.[184] Viel stringenter und ziel-

---

[183] Ein Mechanismus, den Judith Butler nicht erkennt und dem sie selbst unterliegt; vgl. dazu Wolfstädter (2121), S. 673ff., insbes. mit der Auflösung dieses Sachverhalts S. 690ff.

[184] Payr (2021, S. 7) hebt vice versa zwar treffend hervor, dass „es (…) im **Deutschen viel leichter [ist], eine Frau sichtbar zu machen als einen Mann**" (Fettdruck gemäß Original), da maskuline Formen semantisch zwischen der spezifischen und der geschlechtneutralen Möglichkeit der Personenbezeichnung oszillierten, während das Geschlecht einer bezeichneten weiblichen Person mit dem Suffix „-in" eindeutig markiert sei (vgl. ebd.). Meine hier vorgebrachte These besagt aber, dass das Suffix „-in" künstlich, d. h. kultursprachlich geschaffen ist und völlig außerhalb der bedeutungsvollen Ebene eines Begriffs – und zudem tief im Zeichen des

führender wäre aber die Erwägung, das Genus eines Begriffs am Nominativ Plural dingfest zu machen. Auf diese Weise könnten *alle* Begriffe jedweden Genus als feminin betrachtet werden und damit unter Beibehaltung des Glaubens an das Genus-Sexus-Prinzip die phallusbehafteten Menschen als *immer nur mitgemeint* in den Sprachgebrauch eingebunden werden. Ja, warum eigentlich nicht!? Wenn wir bei „*die* Schüler" an als männlich erachtete Personen denken, dann muss vice versa derselbe Begriff im Singular, also *der* Schüler, unter der vorgeschlagenen Bedingung die Assoziation mit einer als weiblich bezeichneten Person erlauben; sprich: die grammatikalische Bestimmung des Genus am Singular ist kontingent, während der Plural das Genus eines Begriffs festsetzt. Bei *allen* personenbezeichnenden Begriffen wie der Lehrer, aber im Grunde ohnehin bereits bei Begriffen wie die Aushilfe oder das Opfer würden sich also alle einer Vulva entbehrenden Menschen *nur mitgemeint* fühlen müssen. Oder ist man für diesen Vorschlag offen, obwohl (bzw. weil) man die mit ihm aufgeworfene Lösung nicht haben will ...? Selbstredend gilt er unter der Annahme des Genus-Sexus-Nexus. Im bedeutungsvollen Sinne der Sprache als solche *könnten wir alle* auch einfach Menschen sein, sprich diesen irrsinnigen Unsinn einfach lassen und stattdessen lieber die *Unklarheit* beseitigen, wie man einer gerech-

....

kulturellen Sexismus – steht, während der *eigentliche sprachlich bedeutungsvolle und ursprüngliche Begriff* seiner Sexifizierung zum Opfer gefallen ist. Denn mangels eines auf das männliche Geschlechtsteil bezogenen Suffixes (etwa gemäß meinem Vorschlag „Schüler*er*" – das im Lichte der vorherrschenden Genitallinguistik inkonsequenterweise dem In-Suffix nicht anheimgestellt wurde) muss dafür nun der ursprüngliche, nicht geschlechtsbezogene Begriff herhalten. Ein „Mann" wird also, so gesehen, im Gegensatz zur „Frau" im Blick auf die Sprache als solcher, sprich fern der Kultursprachlichkeit, *gar nicht* sichtbar gemacht.

ten und bequemen Sprache näherkommt, als die vorhandene Sprache zu übergehen, die genau dem entspricht, sobald sie in Anwendung gebracht wird.

Aber obwohl das das Nächstliegende wäre, gibt es noch einen anderen Vorschlag, der gar nicht so absurd ist, wie er sich anhört. Wie wäre es, die Genera in Bezug auf die Geschlechtszuschreibungen *auszutauschen*? Ich hätte kein Problem damit: Schließlich beruht die zur Diskussion stehende genderisierte Sprache auf dem von Wittgenstein entdeckten Kategorienfehler, der den Glauben dekonstruiert, der Begriff falle mit dem Gegenstand, den er bezeichnet, zusammen.[185] Aber auch Butlers Dekonstruktion der sexuellen Binarität lässt das zu. Warum also muss oder sollte das maskuline Genus mit dem Penis und das feminine Genus mit der Vulva in eins fallen? *Eine wissenschaftlich evidente Notwendigkeit der Gleichsetzung dürfte jedenfalls nicht überzeugend herbeigeschafft werden.* So könnten meinetwegen schlichtweg und fortan alle Menschen mit Vulva, Uterus und Brüsten und alle auch, die keinen Penis haben, mit dem Maskulinum bezeichnet werden – und alle anderen Menschen (mit ihren patriarchal-phallogösen Allmachtsphantasien, wie von uteralen Menschen à la Pusch gemeinhin pauschal unterstellt wird) dürfen sich als *nur mitgemeint* erachten …

Diese Möglichkeit lässt sich noch tiefer begründen: So ist es doch lediglich der Klang oder anders gesagt der klanglautliche Ton artikulierter Begriffe, der uns das (vermeintlich) biologisch Männliche bzw. mit dem Suffix „-in" das (vermeintlich) biologisch Weibliche als korrelatistisches Referenzobjekt bezeichnen lässt. *Es gibt keinen naturgesetzlichen Zwang dazu.* Überhaupt scheint auch niefraudem aufzufallen, dass eine solche Korrela-

---

185 Vgl. dazu Wolfstädter (2021), S. 246ff.

tion bei Personenbezeichnungen, die per se nicht maskulin sind (die Person, das Opfer, das Mitglied etc.), ebenfalls geschehen müsste. In diesen Fällen aber unterbleibt der Kategorienfehler inkonsequenterweise. Das aber bedeutet dann wohl, dass er nur unbeabsichtigt nicht begangen wird, wenn mit der Nachtwache auch Männer inkludiert sind, *ohne* sie nur mitzumeinen, mit dem Schüler aber Frauen diskriminiert werden, weil MAN[186] sie *nur* mitmeint. Das ist äußerst bemerkenswert und völlig entgegen der Logik der Genderideologie: So gilt dann doch die Regel, die die Verfechter des gendergerechten Sprechens beim generischen Maskulinum nicht akzeptieren wollen: Das generische Femininum (oder Neutrum) umfasst alle (biologischen) Geschlechter.[187]

Als Erklärung könnte plausibel erscheinen, was die hier zu begründende These besagt: dass nämlich die generalmaskulinen Begriffe, allen voran diejenigen mit der Endung -er, in ihrem Wortlaut in der Regel im sexifizierten Sinn verstanden werden, d. h., dass sie in der landläufigen Kommunikation der Kultursprachlichkeit ihren eigentlichen Bedeutungsgehalt abgelegt haben. Die Folge ist der gravierende Umstand, dass wir kaum noch bedeutungsvoll miteinander reden, sondern fast ausschließlich unter Rekurs auf das naturalistische Genitalkorrelat unserer davon mehr oder weniger gesellschaftlich oktroyierten sexuellen Binarität – die, wenn sie nicht eindeutig mit dem Genital einer Person bestätigt scheint, mit allen erdenklichen (medizinisch-chirurgischen) Mitteln für den diskursiven

....

186 MAN = Mann als Norm: siehe Pusch (2020).

187 Zur Erinnerung, damit nichts durcheinandergerät: Ein Genus umfasst in Wirklichkeit überhaupt keine Geschlechter. Die im Fließtext verwendete Formulierung ist dem landläufigen Glauben daran geschuldet.

Konstruktivismus hergestellt wird. Das ist ein eindrücklicher Sachverhalt für die sprichwörtliche Gewalt der Sprache. *Diese Gewalt geht aber von der Kultursprache aus, nicht von der Sprache als solcher.*

♂ ♂ ♂

Unbemerkt wird in der alltäglichen gendergerechten Kommunikation die Bedeutung eines Ausdrucks durch die Nennung zweier *neuer* Begriffe aufgelöst. Es wird unbemerkt nicht mehr über *Leser* gesprochen – bei denen das jeweilige Geschlecht völlig unerheblich und in Bezug auf die Bedeutung auch austauschbar ist –, sondern über „Leser*innen*" und „Les*er*" und damit nicht mehr über die Bedeutung, die Intension des Gemeinten, die ursprünglich vielleicht gedacht war oder bisweilen auch noch gedacht ist. Das folgende Beispiel aus einer Wochenzeitung, das an Ironie schwerlich zu übertreffen ist, zeigt, wie sehr dieses Phänomen unser Denken beherrscht: „Körper und Geschlecht aus stereotypen Normen befreien und in ein neues Licht rücken – darum ging es beim ‚Queer Pop'-Symposium an der Universität Freiburg. Drei Tage lang beschäftigten sich die Teilnehmerinnen und Teilnehmer mit dem Einfluss queeren Lebens in der Popkultur."[188] Ich lasse das Zitat als Bestätigung des Irrsinns und als den Irrsinn in dieser Bestätigung unkommentiert stehen. Weniger Heiterkeit erregt es, wenn sich die Auflösung der Bedeutungsinhalte von Begriffen drastischer in dem feministisch motivierten Austausch des Wortes *Mannschaft* in *Team* zeigt. Mit Maßnahmen solcher Art möchte die Stadt Augsburg mithilfe einer „geschlechtersensiblen Sprache"

....
188 Der Sonntag, 26.01.2020, S. 7.

die Gleichstellung von Mann und Frau berücksichtigen.[189] Ich frage mich, wie die Augsburger Stadträte mit dem Bedeutungsgehalt beispielsweise des Wortes „unbemannt" umgehen wollen? Der Logik des gemeinen Sprachverständnisses zufolge müsste es daher bald heißen: Die Schiffe blieben unbefraut und unbemannt zurück. Oder: unbeteamt?

Der folgende Interview-Auszug mit dem damaligen Präsidenten des Bundesverfassungsgerichts Andreas Voßkuhle führt diesen fatalen Umstand plastisch vor Augen:

BZ: (…) Schildern Sie uns doch einmal, wie eine Entscheidung des Bundesverfassungsgerichts entsteht.

Voßkuhle: Gerne, aber das ist ein ziemlich langwieriges Verfahren. Zunächst wird der Fall nach festgelegten Zuständigkeitsregeln auf ein Senatsmitglied übertragen, den sogenannten Berichterstatter. Er oder sie sammelt nun mit seinen Mitarbeiterinnen und Mitarbeitern alles an Informationen, was es zu diesem Fall gibt: Rechtsprechung, juristische Literatur, Sachinformationen et cetera. Auf dieser Basis wird ein vorbereitendes Votum angefertigt, das in komplizierten Fällen durchaus über tausend Seiten dick sein kann. Dieses Votum ist die Grundlage für die Beratung mit den anderen Richterinnen und Richtern.[190]

---

189 Marks (2019).
190 Badische Zeitung, 18.05.2019, S. VI (Magazin).

Leider wird hier nichts Bedeutungsvolles ausgesagt – *und* in Sachen Identitätsfindung nur noch mehr Verwirrung gestiftet. Lassen wir ruhig einmal beiseite, dass wir streng genommen zunächst klären müssten, was hier mit „Senatsmitglied" gemeint ist. Das administrative Mitgliedsverhältnis einer Person gegenüber dem Senat des Bundesverfassungsgerichts oder die diverse (?) Geschlechtlichkeit dieser Person? Es scheint sich wohl um das bloße Mitgliedsverhältnis zu handeln, wie es im Grunde auch beim „Berichterstatter" der Fall ist. *Ist* es allerdings so gemeint (wogegen nichts einzuwenden wäre), machen die darauffolgenden anaphorischen Platzhalter im Zusammenhang mit dem sexusbezogenen „sie" keinen Sinn mehr. Denn das Personalpronomen *er* nimmt im Eigentlichen gerade diesen Begriff mit seiner bedeutungsvollen Intension des Gemeinten wieder auf. Doch mit dem im Interview *Gesagten* wird mit „er oder sie" etwas „wiederaufgenommen", das zuvor gar nicht erwähnt wurde – der Berichterstatter und die Berichterstatterin. Darüber hinaus wird nun im Folgenden mit „*seinen* [des Berichterstatters (!)] Mitarbeiterinnen und Mitarbeitern" doch wieder der geschlechtsunabhängige und bedeutungsvolle Begriff des Berichterstatters aufgegriffen. Das muss im Grunde wohl so interpretiert werden, dass ein Mensch männlichen Geschlechts oder ein Mensch weiblichen Geschlechts mit *seinen*, will heißen mit den Mitarbeiterinnen und Mitarbeitern des Berichterstatters – dem offenbar ein Penis unterstellt wird –, Informationen sammelt. Es ist völlig unklar, wer mit er oder sie gemeint ist. Die Pronomina haben keinen Bezug und müssen daher in ihrer Funktion als Platzhalter versagen. Es müsste also richtig fortgeführt heißen: „*Er* oder *sie* sammelt nun mit *seinen* oder *ihren* Mitarbeiterinnen und Mitarbeitern alles an Informationen, was es zu diesem Fall gibt (…)." Doch dann wird ohnehin wieder fraglich, warum die Geschlechtlichkeit überhaupt transportiert wird. Muss zur vermeintlichen Gleichbehandlung der biologischen Geschlechtlichkeit der Personen, die als Senatsmitglied ein Amt innehaben, wirklich mit den Geschlechtern in verquerer Art und Weise erläutert werden, dass ein männlicher oder ein weiblicher Berichterstatter – nein, ich sage nicht: oder eine weibliche Berichterstatter*in*, wie es zuweilen zu lesen und zu hören ist – jeweils mit weiblichen und männlichen Mitmenschen zusammenarbeitet? Sollte das vor dem inhaltlichen Hintergrund des Themas nicht gleich gültig und gleichgültig sein? Würde schließlich nicht vielmehr genau das, die *Gleichgültigkeit*, Identität schaffen oder wahren – indem sich die Erkenntnis durchsetzte, dass auf der bedeutungsvollen Ebene der Sprache Menschen jedweder Genitalität gleich gültig sind, wenn wir sie mit einem *gleichgültigen* (!) Begriff bezeichnen?

Allenthalben wird jedoch geschummelt und getrickst im eigentlich verlorenen Identitätsfindungsspiel. Die Sprache wird verhunzt und gar von gesetzgeberischer Seite geradezu zwangsvergewaltigt, um zu verschleiern, was nicht mehr zu gewinnen ist: „Manches übernimmt die Berichterstatterin oder der Berichterstatter", wie es im Interview noch heißt, von denen zuvor allerdings noch gar nicht die Rede war und die somit völlig unvermittelt eingeschmuggelt werden. Kaum jefraud bemerkt hierbei den sinnfreien Versuch der Sexifizierung menschlicher *Tätigkeiten*. Es macht aber keinen Sinn, die Bedeutung einer administrativen Tätigkeit in einen Bezug zur biologischen Geschlechtlichkeit derjenigen Person, die sie ausübt, zu bringen. Es sei denn, man will mit guter Intuition nolens volens ganz tief in der Sphäre dunkler Geschlechterstereotype unbemerkt im patriarchal geprägten Sexismus unserer gegenwärtigen Kultur verharren, ja: ihn nur noch mehr zementieren.

Der Beruf der Hebamme ist ein gutes Beispiel, das demonstriert, wie die Sexifizierung von Tätigkeiten das genderideologische Ziel kolportiert. So folgt ein Aufschrei, wenn von „männlichen Hebammen" die Rede ist. Gerade so, als ob ein Mann keine Hebamme, sondern stattdessen nur ein Geburtshelfer sein dürfte.[191] Warum aber ein Mann keine Hebamme sein kann oder darf, ist mit Blick auf die bedeutungsvolle Ebene der Sprache völlig schleierhaft. Hier passt die recht bekannte Aussage von Mai Thi Nguyen-Kim: „Inzwischen sage ich manchmal sogar bewusst: ‚Ich bin Chemiker!' Und stelle so klar: Schau mir ins Gesicht, so sieht ein Chemiker aus!"[192] Und weiter: „Das Chemiestudium war hart, ich hatte mit einigen Dingen zu kämpfen, aber Sexismus gehörte nicht dazu. ‚Ich bin Chemiker', sagte ich ganz selbstverständlich, wenn mich jemand fragte. Die Endung ‚-in' bedeutete mir nichts. Das hatte doch nichts mit Chemie zu tun, oder?"[193] Vor dem Sachverhalt dieser Aussage fällt die sonderbare *petitio principii* in der Schlagzeile *Eine große Forscherin wird aufs Frausein reduziert*[194] auf. Richtig und bedeutungsvoll unter Vermeidung des in ihr liegenden *idem per idem* müsste es doch heißen: *Ein großer Forscher* wird aufs Frausein reduziert.

♀ * * ♀

---

191 So etwa Pusch (1990, S. 35) mit der Begründung bzw. Mutmaßung, Männliches dürfe nicht unter einen weiblichen Oberbegriff fallen. Vgl. auch die Badische Zeitung, 23.09.2019, S. 29.; ebd., 08.03.2022, S. 8 ist hingegen von einer männlichen Hebamme die Rede.

192 Die Zeit, 07.03.2019, S. 55. Siehe auch Nguyen-Kim (2018), 00:01:30 Std.

193 Ebd.

194 Badische Zeitung, 16.07.2020, S. 10.

Dieses verquere Sprachverständnis findet sich auch in Aussagen wie „Unsere Schule besuchen tausend Schülerinnen und Schüler". Sie werden selbst wiederum im öffentlichen Diskurs im Für und Wider der gendergerechten Sprache diskutiert, aber kaum jemand bemerkt, dass er (nein, ich sage nicht: oder sie) damit vor Rätsel gestellt wird: *Wie viele* sind es denn nun? Fünfhundert Schülerinnen und fünfhundert Schüler? Zweihundert Schülerinnen und achthundert Schüler? Zweihunderteinundzwanzig Schülerinnen und siebenhundertneunundsiebzig Schüler? Neunhundertneunundneunzig Schülerinnen und ein Schüler (oder andersherum)? Was hält denn davon ab, zu sagen: „Unsere Schule besuchen tausend Schüler." Vom eigentlichen Bedeutungsgehalt abweichend ist daher die folgende Aussage: „Klassengrößen von höchstens zwanzig Schülerinnen und Schülern minimieren das Infektionsrisiko und maximieren den Lernerfolg."[195] Wenn es hingegen etwa heißt, dass in den Klassenzimmern höchstens *zwanzig* Tische und Stühle sein sollen, bedeutet das ohne Zweifel, dass sich *vierzig* Gegenstände im Raum befinden. Wieder einmal liegt die Verwirrung in der Inkonsequenz der gendergerechten Sprache, die Geschlechtsidentitäten berücksichtigen will, aber sie dann doch in summa nimmt. So wird die intendierte Feststellung des minimierten Infektionsrisikos und des maximierten Lernerfolgs bei einer bestimmten Klassengröße zur genderkritischen Frage: Warum minimiert es das Infektionsrisiko und maximiert den Lernerfolg, obwohl offen gehalten wird, ob sich achtzehn Jungen und zwei Mädchen oder achtzehn Mädchen und zwei Jungen in den Klassenräumen befinden, oder welche geschlechtliche Verteilung auch immer? Denn *wenn* das wichtig ist, dann ist auch

....

195 Ring (2020), S. 8.

die genaue Anzahl der jeweiligen Geschlechter von Bedeutung. Laut Aussage sind es eigentlich *vierzig* Schulkinder, was aber mit Blick auf Infektionsrisiko und Lernerfolg wohl eher nicht so gut ist. Hier genau zu kommunizieren, wäre also wichtig. Jedenfalls zerbricht das Bestreben der Genderbefürworter im Lichte der feministischen Sprachkritik an seiner inhärent inkonsequent geführten Logik, weibliche Kinder bei der nichtgegenderten Rede von zwanzig Schülern *diskriminiert* zu sehen, zwanzig Schülerinnen und Schüler aber keine vierzig Kinder sein zu lassen.

Wenn die Geschlechtlichkeit einer Menschengruppe für den Kontext der Aussage eine Rolle spielt, ist es durchaus legitim und sinnvoll, das sexusmarkierende „-in" zu verwenden. Dabei ist die gendergerechte Sprache in dem eben besprochenen Fall aber gar nicht so sehr angebracht, weil hier doch treffender von Mädchen und Jungen zu sprechen ist, wenn man das Infektionsrisiko meint und weniger oder nicht die Eigenschaft der Kinder als Schüler. Denn dass sie, die Jungen und Mädchen, *Schüler* sind, ist im Gesamtkontext des Gesagten ohnehin klar. So ist es, um noch ein Beispiel zu geben, absurd, wenn im Fernsehen in der Bildunterschrift eines gezeigten Mädchens „Schülerin" statt „Schüler" eingeblendet wird. Weshalb wird in solchen Fällen die (unterstellte und ohnehin vermeintliche) biologische Geschlechtlichkeit suffixial mitgeteilt, *wenn das Kind doch zu sehen ist*? Und selbst in Anbetracht des eventuellen Umstandes, dass das Kind geschlechtlich nicht zugeordnet werden kann – darüber Gewissheit haben zu müssen unhinterfragter Konsens unserer Kultur ist –, fragt sich doch, inwiefern das für den Kontext der Berichterstattung von Belang ist. Die Absurdität des zwanghaften Wahns der sexusbezeichnenden Bezugnahme innerhalb unserer Kultursprachlichkeit ist ohnehin mehr als ersichtlich, sie wird aber noch ins Unermessliche gesteigert, wenn man sich etwa vorstellt, dass unter gezeigten Kindern jedes Mal „Mädchen" oder „Junge" als Bildunterschrift stünde, weil das nichts anderes wäre, was gemeinhin mit dem Suffix „-in" gemeinhin gehegt und gepflegt wird. Dass dies unterbleibt, ist die blinde Inkonsequenz der genderideologischen Sexuallinguistik.

Dass Frauen aber durch das generische Maskulinum diskriminiert würden, rechnet Luise F. Pusch buchstäblich in blinder feministischer Sprachkritik vor: „99 Sängerinnen und ein Sänger sind auf Deutsch zusammen 100 Sänger. Die 99 Frauen können selbst zusehen, wo sie geblieben sind."[196] Das ist vor dem Hintergrund meiner Darlegung des Problems ein sarkastisches Eigentor sowie eine haltlose Polemik. Die Exponierung der zahlenmäßigen Mengenverteilung des biologischen Geschlechts der Sänger ist im Sinne einer bedeutungsvollen Sprache ja nur dann berechtigt, wenn das Geschlecht für den Inhalt des Mitgeteilten eine Rolle spielt. Das könnte in diesem Beispiel durchaus berechtigt sein, wenn der Klang eines Chores von Interesse ist, der aus der geschlechtlichen Zusammensetzung seiner Mitglieder resultiert. Doch Pusch geht es nicht darum, sondern um die vermeintlich durch die deutsche Sprache diskriminierten Frauen:[197] Diesen Irrsinn beschwört sie – als *Elternteil*, um es einmal sprachlich gerecht auszudrücken – selbst herauf, wenn man gemeinhin etwa einem ihrer Beispiele Glauben schenkt, dass „[es] in der Geometrie (…) wie gehabt die Begriffe ‚Kreis' und ‚Quadrat' [gäbe], aber der Oberbegriff für

---

196 Pusch (2020); siehe auch Pusch (1990), S. 85f.
197 Vgl. Pusch (2020).

beide wäre ‚Quadrat' – drei Kreise und zwei Quadrate wären also zusammen fünf Quadrate."[198] Mit dieser Whiskeybubenrechnung gebührt sprichwörtlich der feministischen Sprachkritik die Ehre, die Quadratur des Kreises bewerkstelligt zu haben und für sich beanspruchen zu können. Zumindest dann, wenn ihre Verfechter im Lichte dieses Beispiels nicht erkennen, dass drei Sängerinnen und zwei Säng*erer* ebenso wenig fünf Sänger ergeben können, wie es auch bei drei Kreisen und zwei Quadraten nicht der Fall sein kann, dass ihre Summe fünf Quadrate beträgt. Der Grund ist einfach: Der Begriff „Sänger" ist in rein sprachwissenschaftlicher Betrachtung *kein Oberbegriff*, der sowohl Frauen *als auch* Männer impliziert. So bestätigt sich der Irrsinn dieser feministischen Sprachmathematik blind selbst in einer Vorstellung, die Pusch als ein „[l]etztes Beispiel"[199] zu bedenken gibt:

> „Stellen wir uns vor, es habe eine CDU-Veranstaltung stattgefunden, bei der auch ein SPD-Mitglied zugegen war. Am nächsten Tag berichtet die Presse von einer SPD-Veranstaltung. Die CDU würde aufjaulen. Wir Frauen aber sind es gewohnt, der ‚Gegenpartei' zugezählt und somit ausgelöscht zu werden; die Metapher des Genus hat ganze Arbeit geleistet."[200]

Der kultürlich geführte Krieg der Gendersterne hat daher das besondere Schicksal in der Eigenart seines epistemischen Diskurses: dass er durch feministische Fragen befeuert wird, die

---

198 Pusch (1990), S. 87.
199 Ebd.
200 Ebd.

Mann nicht abweisen kann, denn sie sind ihm durch die Kultur dieses Diskurses selbst aufgegeben, die *Frau* aber auch nicht beantworten kann, denn sie übersteigen alles Vermögen der kultürlich etablierten „*menschlichen*" Vernunft.[201] In diese Verlegenheit gerät der „Mensch" *durch sein eigenes Verschulden*. Er „fängt von Grundsätzen an, deren Gebrauch im Laufe der Erfahrung unvermeidlich und zugleich durch diese hinreichend bewährt ist".[202] – Im Lichte des auf gesellschaftlicher Ebene geführten gendersprachlichen Diskurses existiert ein solcher Grundsatz also darin „daß die Frau nicht dem Mann als Frau konfrontiert wird wie B zu A, und daß nicht beide zusammen unter einen gemeinsamen, sie beide umfassenden Gattungsbegriff Mensch gestellt werden."[203] Der Verfasser dieses letzten Zitats, Cornelia Klinger, weiß nicht, wie wahr er spricht – weil *„sie" und im Übrigen ebenso wenig auch „er"* nicht erkennen oder wahrhaben möchten, dass das den Begriff „Verfasser" wieder allgemein aufnehmende „er" ein schlichter anaphorischer Platzhalter ist – und sonst nichts! Es nimmt weder einen mit Penis noch einen mit Vulva bezeichneten Menschen wieder auf, sondern bezieht das, was es aufnimmt, in den fortzuführenden Kontext ein.

* ♀ * ♂ *

Beim Lesen der Tageszeitungen, um wieder auf die profane Ebene des verfahrenen Diskurses zurückzukommen, finden sich schier endlose weitere Beispiele für den Verlust des sprach-

---

201 Frei nach Kant (1956), S. 11.
202 Ebd.
203 Klinger (1995), S. 42.

lichen Gespürs, der der gendergerechten Ausdrucksweise geschuldet ist. Ich möchte hier nur ein letztes Beispiel noch geben: Mit Blick auf die ungewöhnliche Leere der Stadt Freiburg zu den Pfingstferien heißt es: „Genau jetzt sind alle weg, raus aus der Stadt und in den Urlaub: Freundinnen und Freunde, Nachbarinnen und Nachbarn, Kolleginnen und Kollegen."[204] Zweifelsohne wollte der Autor mit diesen sexusbezogenen Begriffen nicht diskriminieren, tat hingegen genau das. Denn die die Geschlechtsidentität berücksichtigende Formulierung suggeriert und beinhaltet die Möglichkeit des Gedankens, dass es keine intergeschlechtlichen Freundschaften, Nachbarschaften und Kollegen mehr gibt oder nur gleichgeschlechtliche Menschen in den Urlaub fahren. Warum sieht man diese Diskriminierung zwanghafter Identitätsalterität nicht, warum kann die Stadt Freiburg zu Pfingsten nicht leergefegt sein, weil – schlicht und bedeutungsvoll zum Ausdruck gebracht – *Freunde (!)*, *Nachbarn (!)* oder *Kollegen (!)* in den Urlaub fahren, und das wahrscheinlich ganz unabhängig von ihren Genitalien, die sie meinetwegen auch in devianten Formen haben mögen?

Sehe ich mir die öffentliche Diskussion um eine gendergerechte Sprache an, scheint es vor diesem Hintergrund niemandem aufzufallen, dass gemäß der Logik des Genderns eigentlich für *alle* genusbehafteten Begriffe dasselbe gelten müsste. Das wird sowohl von den Befürwortern als auch von den Gegnern genderbezogenen Sprechens gleichermaßen übersehen: Für genuin geschlechtsbezogene Begriffe wie „die Frau" müssten demnach *dieselben* sprachlichen und grammatischen Regeln gelten bzw. Beachtung finden wie für alle anderen nicht-genuin geschlechtsbezogenen Personenbezeichnungen, etwa für „Leh-

....
204 Badische Zeitung, 11.06.2019, S. 21.

rer". Wenn also ein mit dem personenbezeichnenden Begriff *Lehrer* gemeinter Mensch mit dem (als biologisch erachteten) weiblichen Geschlecht (nur) mitgemeint ist, dann muss auch ein mit dem personenbezeichnenden Begriff *Frau* gemeinter Mensch mit dem als männlich erachteten Geschlecht *(ganz) mitgemeint sein!* Schließlich kommt *man(n),* wie die Propagandisten der feministischen Sprachkritik sich mit Simone de Beauvoir brüsten, nicht als Frau zur Welt, *man(n)* wird es, – um das berühmte Zitat einmal in den hier verhandelten Kontext zu bringen.[205] Im Sinne des gegenwärtig angestrebten Ziels der genderideologischen sexuellen und geschlechtlichen Vielfalt, die durch eine sie berücksichtigende Sprache das Patriarchat in der Heteronormativität zu Fall bringen soll, kann in diesem auf Beauvoir abhebenden und mit Judith Butler weiterentwickelten Diskurs ein genital phallogös erscheinender Mensch ebenso gut eine Frau sein bzw. als eine solche bezeichnet werden wie ein genital vulvogöser. Was ich damit klar mache: Wenn es die „Lehrer*in*" geben *soll,* dann *muss* es auch den „Frau*er*" geben.

Dieser blinde Fleck in unserer Epoche des Kriegs der Gendersterne ist nun in der propagierten Logik innerhalb des vorherrschenden Sprachverständnisses unserer Kultursprachlichkeit keineswegs blanker Unfug – sehr wohl aber im Lichte des bedeutungsvollen Sprechens, in dem das Genus-Sexus-Prinzip sprachwissenschaftlich nicht gehalten werden kann. Nichtsdestoweniger wirkt sich der sozialsprachliche Genderzwang nicht nur auf das Verständnis des Bedeutungsgehalts der versexsuffixialisierten Begriffe aus, sondern auch auf ihre logische Verwendungsweise überhaupt. Beides geht auf sonder-

....

205 Im Original Beauvoir (2002, S. 334): „Man kommt nicht als Frau zur Welt, man wird es."

bare Weise ineinander über. So ist beispielsweise in einer Tageszeitung zu lesen: „Wird es eine Rektorin? – Kerstin Krieglstein wird wohl als einzige Kandidatin für die Rektorwahl der Uni Freiburg vorgeschlagen".[206] Mit diesen Schlagworten werden sogleich mehrere Unklarheiten generiert, die gar zu völliger Verwirrung tauglich sind. Denn zunächst einmal ist – nimmt man die Genderlinguistik ernst – nicht zu erklären, warum in diesem Zitat die Kandidatin an einer „*Rektor*wahl" teilnehmen kann, wenn die Sexifizierung (Rektor*in*) der feministischen Sprachkritik doch so wichtig ist. Auf unreflektierter Ebene ist hier der Grund dafür nicht die bewusste Setzung des Begriffs in seinem bedeutungsvollen Sinn, sondern schlicht der fehlende Platz für die Schlagzeile, in der konsequenterweise mit einem graphisch längeren Erscheinungsbild von einer Rektor*innen*- und Rektor*en*wahl die Rede sein müsste. Doch wenn sie die *einzige* Kandidatin ist – oder ist nur von den weiblichen die Rede, sodass es zwar ein paar Kandidat[*inn*]en gibt, aber nur eine Kandidatin, die infrage kommt? Oder ist nur von den weiblichen die Rede, also männliche Kandidaten gibt es zwar ein paar, aber nur von dem einen weiblichen ist die Rede? –, wenn sie also die *einzige* Kandidatin ist, dann müsste im Sinne der Schlagzeile von einer Rektor*in*wahl[207] die Rede sein. Was also soll hier gesagt werden? Dass sie als alleiniger Kandidat aus einem Pool von Bewerbern hervorgegangen ist und nun als einzige *Person* zur Wahl steht, oder dass sie als einzige *Frau* zur Wahl steht? Aus der Schlagzeile allein geht das nicht hervor. Im

---

206 Badische Zeitung, 07.05.2020, S. 5. Siehe dazu auch Wolfstädter (2021), S. 267.

207 Bzw. von einer Rektor*innen*wahl im Falle ausschließlich weiblicher Kandidaten.

Artikel zur Schlagzeile aber ist zu lesen, dass es „15 Bewerber (…) für die Rektorenstelle gegeben [habe]."[208] Was denn nun? Hat es fünfzehn Bewerber (Sexus) gegeben und eine Bewerberin (Frau Krieglstein), also insgesamt doch sechzehn (*Bewerber*)? Freilich nicht, wenngleich dieser Schluss naheliegt. Also vierzehn Bewerber und *eine (!)* Bewerberin? Im Gesamtkontext des vorliegenden Artikels scheint das so. Allerdings ist ursprünglich von „15 Bewerbern" insgesamt die Rede, sodass unklar bleibt, ob Frau Krieglstein unter diesen *Bewerbern* die einzige Frau war. Da jedoch im Sinne des Artikels der Sachverhalt der Kandidatur Frau Krieglsteins als einzigem weiblichem Kandidaten transportiert wird, kann auch nicht von Bewerbe*rinnen*- und Bewerbern gesprochen werden, da dies zahlenmäßig nicht dem Sachverhalt entspricht und es zudem sprachlich nicht zusammenfassend zum Ausdruck gebracht werden kann, wenn unter einer Anzahl von Menschen nur eine Person geschlechtlich alterniert. Was also aus welchen Gründen auch immer nolens volens übrigbleibt, ist die Verwendung des bedeutungsvollen Begriffs „Rektorwahl", während man die Teilnahme einer weiblichen Person an derselben zum Ausdruck bringen möchte. – Allerdings wird mit der Aussage des Vorsitzenden des Universitätsrats und der Findungskommission alles wieder umgeschmissen: „Die Findungskommission hat aus den eingegangenen Bewerbungen nach bestem Wissen und Gewissen diejenige Kandidatin vorgeschlagen, die uns mit deutlichem Abstand am geeignetsten für das Amt erschien."[209] Waren es also doch mindestens zwei oder mehrere weibliche Bewerber? Wenn ja – warum werden dann die männlichen Be-

---

208 Vgl. Badische Zeitung, 07.05.2020, S. 5.
209 Freiburger Wochenbericht, 03.06.2020, S. 3.

werber überhaupt nicht berücksichtigt? Oder waren es am Ende *alles* Bewerbungen weiblicher Menschen?[210]

Mit dieser Darstellung des Umgangs mit der Sprache schälen sich zwei Kriterien heraus, die zeigen, dass die deutsche Sprache keine zu sexifizierenden Qualitäten aufweist. Es sind der Numerus und eine semantische Funktion des Genitivs: Das gendergerechte Sprechen sieht vor, die biologischen Geschlechter in den verwendeten Begriffen zum Ausdruck zu bringen. Im gegebenen Beispiel soll das mit der Rede von Rektorinnen und Rektoren geschehen. Bei einer Rektorwahl aber wird nur eine Person gewählt; die geforderte Ausdrucksweise verlangt damit eigentlich, von einer Rektorinnen- und Rektorenwahl zu sprechen. Das jedoch ist in Bezug auf den Numerus falsch, sodass man doch lieber, wenngleich unbeabsichtigt, auf den bedeutungsvollen Begriff Rektorwahl zurückfällt, bevor man (was in der Logik der gendergerechten Sprache folgerichtig wäre) von einer Rektorin- und Rektorwahl spricht. Alternativ ist zum korrekten Ausdruck *Rektor*wahl zuweilen auch von *Rektoren*wahl die Rede.[211] Doch das ist inhaltlich wie gendersensiblich falsch, weil innerhalb des Wahlsystems nur *ein* Rektor gewählt werden soll und sich die Wahl dieses Begriffs ohnehin des feh-

---

210 Unbeabsichtigt suggeriert wird auch, dass es bereits vor Krieglstein mindestens einen weiblichen Rektor an der Universität Freiburg gegeben haben muss, da Frau Krieglstein in der Badischen Zeitung, 02.10.2020, S. 18, als die *neue* Rektor*in* der Universität genannt wird. Das allerdings kann sie im Sinne des Gemeinten nur sein, wenn das Amt mindestens einmal von einer weiblichen Person bekleidet wurde.

211 Vgl. z. B. https://www.swr.de/swraktuell/baden-wuerttemberg/suedbaden/uni-freiburg-rektorenwahl-100.html, aufgerufen am 09.05.2020; inzwischen nicht mehr abrufbar. Da mir auch ein Screenshot oder eine andere Nachweismöglichkeit fehlt, kann ich als Beleg für die Verwendung des Begriffs „Rektorenwahl" hier nur die ursprüngliche URL anführen. Auch die Nachfrage beim SWR brachte keinen Erfolg.

lenden Ausdrucks der biologischen weiblichen Geschlechtlichkeit schuldig macht. Wenn man also von der Wahl *eines* Rektors spricht, dann ist das die *Rektor*wahl, wenn aber von der Wahl *mehrerer* Rektoren die Rede ist, dann sind das die Rektor*wahlen* (so wie es die *Bundestags*wahl und die Landtags*wahlen* gibt). Die *Rektoren*wahl hingegen kann – beziehungsweise sollte – es auf der bedeutungsvollen Ebene des Sprachverständnisses und -gebrauchs nicht geben, genauso wenig wie die Rektor*in*wahl. Trotzdem heißt es in einem Interview der Badischen Zeitung nach der Wahl: „Sie sind die erste Frau, die die Uni Freiburg als Rektorin leitet."[212] Diese Feststellung ist insofern merkwürdig, weil das Prädikativum „als Rektor*in*" überflüssig ist und sein Einsatz sonderbares suggeriert, *wenngleich dies nicht bewusst zu sein scheint*: Gab es denn in der Vergangenheit Frauen an der Uni Freiburg, die sie nicht als Rektorinnen leiteten, oder gab es Rektorinnen, die keine Frauen waren …? Richtig müsste es also, wenn denn schon das Frau- oder Mann-Sein ein qualitativer Aspekt des Leitens sein soll, heißen: „Sie sind der erste Rektor, der die Uni Freiburg als Frau leitet" oder „Sie sind die erste Frau, die die Uni Freiburg leitet." Das Prädikativum „als Rektor" wäre im zweiten Beispielsatz nicht nur überflüssig, sondern falsch, weil das bedeutete, dass es zuvor keine Rektoren gegeben hätte. Mir stellt sich aber doch die Frage, warum dieser ganze Heckmeck um die Genitalien der Rektoren überhaupt betrieben wird (wenn es tatsächlich um den Wunsch der Gleichstellung der Geschlechter zu tun ist). Denn die Frage der Badischen Zeitung, ob es eine Bedeutung für sie habe, die erste Frau der Uni zu sein, die sie als Rektorin leite (wie es ursprünglich heißt), verneint sie

---

212 Badische Zeitung, 28.05.2020, S. 15.

mit „Eigentlich nicht."[213] In einer weiteren Ausgabe der Zeitung ist völlig korrekt und bedeutungsvoll von „der ersten Frau im Amt des Rektors (563 Jahre nach Gründung der Universität)" die Rede[214]. Wahrscheinlich hat es mit dem Genetiv in seiner Funktion als Attribut (zu Amt) zu tun …

Damit noch einmal zurück zum richtigen Verständnis des Begriffs Rektorwahl. Der Grund, dass es sich dabei um die korrekte Zusammensetzung handelt, ist folgender: Mit dem Wort „Wahl" zusammengesetzte Begriffe finden ausschließlich im semantischen Sinne des *genitivus obiectivus* ihre sinnvolle Verwendung, die den Singular des vorangehenden Wortes voraussetzen. Denn wir können zwar den Ausdruck „die Wahl des Rektors" auf zwei Weisen verstehen: entweder wird der Rektor gewählt (*obiectivus* [Rektorwahl]) oder der Rektor wählt selbst (*subjectivus*). Im Plural jedoch, also wenn zwei oder mehrere Rektoren gewählt werden, sprich ausformuliert „die Wahl der Rektoren (z. B. an verschiedenen Universitäten)", dann verbleibt der vorangehende Begriff, wenn er als *genitivus obiectivus* fungiert, im Singular, sodass es, wie oben gezeigt, Rektor*wahlen* heißen muss, würde doch anders der Begriff seinen Sinn verlieren, wenn in einer Universität zugleich mehrere Rektoren gewählt würden. Die *Rektoren*wahl gibt es also in unserem Sprachgebrauch nicht oder der Begriff ist unsinnig. Diese Klärung macht deutlich, warum es beim Bedeutungsgehalt des Ausdrucks „die Wahl der Rektoren" in der Funktion als *genitivus subjectivus*, z. B. „Die Wahl der Rektoren (verschiedener Universitäten) fiel auf einen Studenten", nicht heißt „Die Rektorenwahl fiel auf einen Studenten."

....

213 Ebd.
214 Badische Zeitung, 29.05.2020, S. 4.

So ist in diesem Sachverhalt die Ursache dafür zu sehen, dass zuweilen der Begriff Rektorenwahl fälschlicherweise im Sinne des *genitivus obiectivus* verwendet wird. *Dieser unbemerkte Fehler wiederum ist nur vor dem Hintergrund des sozialen Zwangs zum Gendern zu erklären – der überdies ein Genitalfokussierungssuffix nur bei uteral ausgestatteten Menschen vorsieht.* Der Zwang zum falschen Sprachgebrauch ist nur dann (laut-) sprachlich umsetzbar, wenn die zum Ausdruck zu bringenden biologischen Geschlechter (die weiblichen, im Grunde aber auch die männlichen und die diversen, wenngleich diese Tatsache übergangen wird) innerhalb einer Gruppe oder eines Systems mindestens zu zweit vorhanden sind, sodass sie grammatikalisch mit dem Plural erfasst werden können.

♂ * * ♀

Aus dieser Analyse der landläufigen Genderlinguistik ist nun nicht zu folgern, dass eine Versexsuffixialisierung von Begriffen nicht auch zweckdienlich ist oder legitim sein kann. Tatsächlich gibt es Bereiche, in denen der Bezug zur Genitalität (biologisches Geschlecht) zu wählen ist. In der Badischen Zeitung fand ich zum Thema der Gender-Medizin folgenden Artikel, der dies inhaltlich sinnvoll und folgerichtig artikuliert leistet:

> „(...) Frauen, so Regitz-Zagrosek, hätten das aktivere Immunsystem. Diese Stärke ist aber zugleich eine Schwäche. Denn häufiger als bei Männern richtet sich ihre Abwehr gegen den eigenen Körper. ‚Drei Viertel der Patienten [Intension des Gemeinten], die an Autoimmunerkrankungen wie Rheuma oder Multipler Sklerose leiden, sind weiblich [Sexusbezug].' Auch mache

sich Diabetes in der Frühform bei Frauen [Sexusbezug] anders bemerkbar und schade bei ihnen [Sexusbezug] eher dem Herzen: ‚Ärzte [Intension des Gemeinten] sollten daher bei Diabetikerinnen [Sexusbezug] immer klären, ob eine koronare Herzerkrankung im Anmarsch ist.' Umgekehrt gelte, dass bei Männern [Sexusbezug] oft zu wenig auf Erkrankungen geachtet wird, die – wie zum Beispiel Osteoporose – als typische Frauenleiden [Sexusbezug] gelten. Sie [genusneutraler anaphorischer Platzhalter der 3. Person Plural (der den Begriff mit Sexusbezug, nämlich „Männer", wiederaufnimmt)] bekommen also später Hilfe, als es bei einer sorgfältigen Diagnose der Fall gewesen wäre. In der Diagnose wie der Therapie vieler Krankheiten ist es also laut Experten [Intension des Gemeinten] wichtig, die Geschlechterunterschiede zu beachten. Das allerdings gelingt noch nicht überall und gut genug. ‚Weil aber bei einem Herzinfarkt die Patientinnen [Sexusbezug] und behandelnden Ärzte [Intension des Gemeinten] nicht mit einem Infarkt rechnen, erhalten Frauen [Sexusbezug] in einer Notfallsituation oft nicht schnell genug die adäquate Behandlung, vor allem die besonders jungen oder die besonders alten. Sie [genusneutraler anaphorischer Platzhalter der 3. Person Plural (der den Begriff mit Sexusbezug, hier „Frauen", wiederaufnimmt)] kommen europaweit oft später ins Krankenhaus als Männer [Sexusbezug]', heißt es in einem Artikel in der Fachpublikation Der Internist."[215]

....

215 Badische Zeitung, 13.05.2019, S. 2.

Der eigentliche Sinn der Herstellung des Sexusbezugs liegt – und das muss dringend ins gesellschaftliche Bewusstsein gebracht werden – nicht in der Sichtbarmachung und der damit erhofften Gleichstellung der Geschlechter, sondern darin, dass es gegebenenfalls ein Unterschied ist, einen Jungen oder Mann sowie ein Mädchen oder eine Frau (genauer: Menschen unterschiedlicher Hormonbestimmungen)[216] ärztlich (nicht ärzt*innen*lich!) zu behandeln. Ganz sicher falsch oder deplatziert ist der sprachliche Genitalbezug[217] hingegen, wenn ein Arzt von seinen *Patientinnen* und *Patienten* beispielsweise in Bezug auf die Wartezeiten, die sie in seiner Praxis haben, oder in Bezug auf die Wertschätzung, die er ihnen entgegenbringen möchte, spricht.

Jedoch haben sich die Verfechter der feministischen Sprachkritik *de facto* derart ihres eigenen erklärten Ziels der Gleichstellung und Dediskriminierung nicht-phallogöser Menschen beraubt, dass *nolens volens* ein Pyrrhussieg errungen wurde. Beispiele: In einem Leserbrief beklagt sich eine Frau über die schlechte Beratung in einem Modehaus: „Im 1. Obergeschoss stehen drei Verkäuferinnen, die sich sehr angeregt über ihre Urlaubserfahrungen austauschen."[218] Ich meine, dass der Genderbezug – oder doch der auf das biologische Geschlecht? –

---

216 Derselbe Sachverhalt gilt analog im Übrigen und zum Beispiel in Bezug auf die Blutgruppen, die lediglich nicht sichtbar sind, deshalb aber nichtsdestoweniger prädestiniert für kulturelle Identitätszuschreibungen wären. Das heißt: Die genitalzentrierte Geschlechtsbestimmung ist ein willkürlicher Konstruktivismus (unserer) Kultur; vgl. Wolfstädter (2021), etwa S. 147.

217 Zumal hier die Unschärfe der gendergerechten Sprache zum Vorschein kommt, wenn ihre Verfechter weniger das biologische Genitalkorrelat als vielmehr die davon losgelöste Genderidentität zur Berücksichtigung und Geltung bringen möchte.

218 Badische Zeitung, 13.05.2019, S. 22.

hier sinnvoll ist, wenn er vielleicht als Information für die ausgetauschten Urlaubserfahrungen dienen soll, sofern sie als stereotyp unterstellt werden. Allerdings wird es (ungewollt) von fraulicher Seite (!) rollenzuweisend und diskriminierend, wenn es weiter heißt: „Bei einem weiteren Kaufhaus ist weder im 1. noch im 2. Obergeschoss (…) eine Verkäuferin zu entdecken, die mich bedienen würde."[219] Eigentlich geht es bei dieser Aussage doch um den Wunsch, eine Beratung zu erhalten, weshalb das Geschlecht derjenigen Person, die die Beratung in ihrer administrativen Funktion als Angestellter des Kaufhauses vornimmt, völlig unerheblich ist. Schwerwiegend performativ wirken sich in dieser Art und Weise des gutgemeinten oder vermeintlich die Geschlechtsidentität berücksichtigenden Sprechens offensichtlich Annahmen in unserer Gesellschaft aus, die auf das vorherrschende Patriarchat unserer Kultur zurückgehen – nämlich dass solche Tätigkeiten von Frauen abgedeckt werden. Darüber hinaus wünscht sich die hier ihr Leid klagende Frau „die Zeiten zurück, in denen man als Kundin noch Königin war (…)".[220] Weshalb, so stelle ich noch einmal polemisch die Frage, sollte die *Weiblichkeit oder die organische Beschaffenheit* eines Menschen eine gute Beratung bedingen? Auch dieser blinde gewohnheitskultürliche Sprachgebrauch entlarvt Puschs „statistisches Argument" zur Begründung der „Totalen Feminisierung", etwa dass *die Kundin Königin* sei, weil mehr als die Hälfte der Weltbevölkerung Frauen sind, und dass damit die gewöhnliche Rede vom *König Kunde* ihrer feministischen Rechnung gemäß falsch sei.[221] Er entlarvt nicht nur den darin inhä-

---

219 Ebd.
220 Ebd.
221 Siehe und vgl. Pusch 1990, S. 98.

rent steckenden Sexismus, sondern offenbart einmal mehr und ungewollt die verquere Ideologie, die der Genital- und Genderlinguistik zugrunde liegt: Pusch sagt schließlich selbst, dass solche „[a]llgemeine[n] Aussagen (...) mehr an Frauen denken [lassen] als an Männer, obwohl sie – nach Einführung der Totalen Feminisierung – geschlechtsneutral gemeint sind."[222]

In einem Interview mit dem ehemaligen Oberbürgermeister Dieter Salomon der Stadt Freiburg ist im Zusammenhang mit der Wahlkampftaktik und dem Versuch, alle Menschen „einzusammeln", als Antwort zu lesen: „Wer ist alle? Wenn ich links sammle, verliere ich in der Mitte. Einer Supermarktkassiererin werde ich kaum erklären können, dass sie pünktlich zur Arbeit kommen muss, ein Hartz-IV-Empfänger aber keine Termine mehr wahrzunehmen braucht."[223] Was soll der Mischmasch (der inzwischen in unerträglichem Ausmaß immer und immer wieder zu lesen und zu hören ist)? Sollen jetzt tatsächlich nur Menschen weiblichen Geschlechts kassieren und nur Menschen männlichen Geschlechts Hartz-IV-Zuwendungen erhalten (aber dann gefälligst auch ihre Termine wahrnehmen)?

Als ein nunmehr tatsächlich letztes und das Vorgebrachte zusammenfassendes Beispiel kann ein wiederkehrender Artikel einer Freiburger Wochenzeitung dienen, in dem gemäß der Intension des Gemeinten, sprich in geschlechtsunabhängiger Absicht, ein „Freiburger der Woche" erscheint. Diese Intension ist allerdings hinfällig, wenn die in ihrem Sinne zu lesende Überschrift im Falle der Vorstellung einer weiblichen Person zu „Freiburger*in* der Woche" umformuliert und sexifiziert wird.[224]

---

222 Ebd.
223 Badische Zeitung, 04.05.2019, S. III (Magazin).
224 Siehe Stadtkurier, 23.04.2020, S. 1

Nun ist diese im Lichte der feministischen Sprachkritik anerkennende Vorstellung des Verdienstes einer Person deshalb ein unter sehr hohen Verlusten errungener Erfolg, weil ihr diese Auszeichnung lediglich im genitaläquivalenten Bezug zu anderen Menschen zuteilwird – *Pyrrhus lässt auch unter Heranziehung von Puschs „Statistischem Argument" grüßen.*

** ♂ **

Doch damit ist noch nicht das Ende fragwürdiger Vorgehensweisen zur Erreichung des genderideologischen Ziels der geschlechtlichen Gleichheit erreicht. Wer nur konsequent genug ist, findet immer neue Spielwiesen, um sich auszutoben:

„Ist es überhaupt noch zeitgemäß, Gott männlich anzureden? Diese Frage stellt sich die Evangelische Kirche in Hessen und Nassau (EKHN) und stellt ihren Angestellten ab sofort ‚Tipps für Gottesdienste in einer zeitgemäßen Sprache' zur Verfügung. Um die Vielfalt biblischer Gottesbilder abzubilden, solle künftig geschlechtergerecht von Gott gesprochen werden. Beispielsweise könne man abwechselnd männliche und weibliche Formen verwenden, etwa ‚Ewige*r', ‚Lebendige*r' oder ‚Schöpfer*in'. Oder statt der veralteten Form ‚Wir beten zu Gott, der mit uns Frieden geschlossen hat' empfiehlt die EKHN folgendes: ‚Gott hat mit uns Frieden geschlossen. Zu ihm/ihr beten wir.' Fast alle Gebete wurden nach Angaben der EKHN überarbeitet. Ziel sei es, ‚zu einer theologisch verantworteten, zeitgemäßen und elementaren Gebetssprache zu finden.'"²²⁵

Hierzu gäbe es vieles zu sagen, und es würde wenig Mühe bereiten, hier prägnant und zugleich ausführlich diesen Vorstoß auseinanderzunehmen. Schließlich vollzieht er eine Parodie der Ironie, die man sarkastisch mit einer Satireschrift quittieren könnte …

....

225 Infobrief Nr. 47, 11/2019 des Vereins Deutsche Sprache e. V. Der Link zur zugrunde liegenden Quelle: https://www.idea.de/frei-kirchen/detail/tipps-fuer-zeitgemaesse-sprache-gott-mein-freund-meine-freundin-111228.html (zuletzt aufgerufen am 12.05.2020).

Fazit und Schlussfolgerungen

Ich befürchte, dass der Krieg der Gendersterne vor den kultürlichen Kulissen der ideologischen Genitallinguistik in seiner verderblichen Untauglichkeit, Gleichheit unter den Geschlechtern herzustellen, den Weg aus Wittgensteins Fliegenglas nicht finden lässt. Man wird wohl weiterhin, auch nach der Lektüre der vorliegenden Schrift, lieber an der Unklarheit im Lichte des Glaubens an den Genus-Sexus-Nexus festhalten, anstatt sie zu beseitigen, indem man den sozialisierten Zwang, Genitalakzidenzien identitär bestimmen und sprachlich berücksichtigen zu müssen, aufgibt. Und doch gebe ich die Hoffnung nicht auf. Das geschlechtliche Unbehagen in der Sprache tritt ja offenkundig zutage, und mit der hier durchgeführten Fehleranalyse lässt sich ihm auf den Grund gehen und die Ursache bestimmen: Es ist der Glaube an einen phallozentrischen Bezug der mit dem Genus Maskulinum behafteten Wörter insbesondere zu denjenigen Menschen, die sich nicht des Habens einer Vulva verdächtig machen. Dieser Glaube – ich möchte das Phänomen einmal blinden Geschlechts- oder Genitalrassismus nennen – ist derart stark ausgeprägt in unserer Kultur patriarchaler Machtphantasien, dass die feministische Emanzipation und ihre Mobilmachung gegen das Patriarchat mit den Mitteln der Sprache innerhalb dieses genitalen Identitätsbestimmungsspiels durchaus folgerichtig und durchaus berechtigt und wichtig erscheint – allein: Sie ist es *nicht in sprachwissenschaftlicher Hinsicht!*

Ich stelle also mit der vorliegenden Schrift die *Kontingenz* der feministischen Sprachkritik heraus und zerstöre damit die mit ihr verbundene ideologische Hoffnung, die gesellschaftliche und politische Gleichstellung der Geschlechter mit dem Mittel *der die Welt bildenden* Kultursprache zu erreichen. So gesehen erhellt sich auch die von Christiane Thim-Mabrey exponierte Frage, ob „die Identität einer Sprache oder Sprachvarietät für die Sprecher selbst eventuell gerade damit verbunden [ist], dass sie (…) mit konstitutiven nicht-sprachlichen Bestandteilen der Identität einer Person korreliert".[226] Das, so Thim-Mabrey weiter „würde (…) erklären, warum Sprachteilhaber oft ungern in die als ‚eigene' beanspruchte und empfundene Sprache eingreifen lassen, sei es, in unterschiedlichen Schwerpunkten, z. B. durch eine Reform der Rechtschreibung oder durch Vorschriften zu einem bestimmten bisher nicht praktizierten ‚politisch korrekten' Sprachgebrauch."[227] So bewegt sich die politische Korrektheit der derzeit vorherrschenden sexuellen Genitallinguistik im diskursiv geführten Krieg der Gendersterne innerhalb des kultürlich-sittlichen Rahmens der blinden Performanz der Performativität. Sie schafft *Identität durch Sprache*, indem die Genussprache Deutsch in ihrer epistemisch wahrgenommenen *Sprachidentität* „mit konstitutiven nicht-sprachlichen Bestandteilen der Identität einer Person korreliert". Damit fungiert sie also als die vorgängige Bedingung für den fatalen Glauben an das Genus-Sexus-Prinzip.

Heidegger verstand so gesehen seine eigene Philosophie nicht, wenn er sagt, dass die Sprache uns ihr eigenes Wesen verweigere:[228]

---

226 Thim-Mabrey (2003), S. 2f.

227 Ebd., S. 3.

228 Vgl. Heidegger (2000), S. 10.

„Der Mensch aber ist nicht nur ein Lebewesen, das neben anderen Fähigkeiten auch die Sprache besitzt. Vielmehr ist die Sprache das Haus des Seins, darin wohnend der Mensch eksistiert, indem er der Wahrheit des Seins, sie hütend, gehört."[229]

Das ist aber nur unter Heideggers Trennung des Seins vom Seienden schlüssig. Ersteres, das Sein, sah er dem Zugriff des philosophisch Ungebildeten entschlüpft, da sich dieser ausschließlich und unreflektiert mit der Zuhandenheit des Seienden zufriedengibt (womit Heidegger dem Kulturpessimismus das Wort sprach). Das Sein als die Objektität des Bewusstseins hingegen, wie ich es begründet habe,[230] kann sich nicht in einem Haus verstecken, wie Heideggers Satz zu interpretieren ist.[231] Denn das Sein ist die Sprache, *die wir selbst sind*. Es also ist in der vorherrschenden sozialisierten Wirklichkeit die vom Menschen losgelöste *Kultursprache*, in der sich die vermeintlichen Sexus-Identitäten verstecken und einnisten können wie in einem Haus. So kann doch im Grunde der Menschlichkeit der Menschen niemand sagen, was eine Frau oder ein Mann ist, weil in unserer an der Genitalität der Menschen orientierenden Gesellschaft *sie selbst* die hochgelobten subjektivistisch-neoexistenzialistischen Häuser des Seins baut. Außerhalb derselben scheint dann kein Spaziergang mehr möglich, mit dem wir doch einen Weg durch die durch eigenes Verschulden heraufbeschworene Unklarheit einer gerechten und bequemen Sprache finden würden.

---

229 Ebd. S. 25.
230 Siehe Wolfstädter (2021).
231 Vgl. Avanessian (2022), S. 38; siehe auch Müller (2022).

Die fatale Diskussion um die reziproke Referenzialität der biologischen Genitalität und des Genus des Begriffs, der den genitalen Träger bezeichnet, sollte daher, nein: muss mit derselben Logik und im selben Sinne ein Ende finden, wie im Jahr 1972 der Gebrauch von „Fräulein" für unverheiratete Frauen ihr Ende fand.[232] Die Frage, ob das grammatische Geschlecht etwas mit dem biologischen Geschlecht zu tun habe, stellte sich schon damals. Ich zitiere hier der Historizität und Aktualität wegen einmal Muhammad Hassan Ibrahim:

> „A question which we have avoided asking thus far concerns the nature of the relation which grammatical gender has to natural gender. For animate nouns, the correspondence between natural and grammatical genders is nearly perfect: almost without exception, every noun (in any language with a gender category) that refers to a male creature belongs to the class of masculine nouns and every noun denoting a female being belongs to the feminine class of nouns. This raises the question whether grammatical gender in its origin had anything to do with natural gender."[233]

Während nun beispielsweise der Jurist und Politiker Lore Maria Peschel-Gutzeit meint, dass „Sprache Bewusstsein präge", und sie anführt, dass der Abschied weg vom „Fräulein" hin zur „Frau" zwar nur formal, aber dennoch wichtig auf dem Weg der Gleichberechtigung gewesen sei,[234] wird übersehen, dass

....
232 Siehe Becker (2022).
233 Ibrahim (1973), S. 30.
234 Vgl. Becker (2022).

derselbe Schritt auf dem Weg der Gleichberechtigung auch im Wegfall der differierenden Geschlechtersuffixierungen[235] erfolgen muss. Peschel-Gutzeit hingegen glaubt dies wiederum nicht, sondern hält die Nennung beider Geschlechter für notwendig.[236]

Diese gängige Meinung halte ich für eine sonderbare blinde Verkennung der eigenen Einsicht. Zwar wird das „Fräulein" als kultürliches Konstrukt erkannt und der Wegfall seiner sprachlichen Berücksichtigung als bewusstseinsprägend angesehen – für die kultürlichen Konstrukte der genitalkorrelierenden Begriffe „Frau" und „Mann" soll das hingegen nicht gelten, *obwohl niemand mit Gewissheit sagen kann, was ein Mann oder eine Frau ist.*[237] Ibrahims Frage also, ob das grammatikalische Geschlecht in seiner Entstehung etwas mit dem natürlichen Geschlecht zu tun habe, setzt das natürliche Geschlecht im Bewusstsein absolut (wie ich es in Anlehnung an Kant oben parodistisch vorgeführt habe)[238]. Das aber ist ein essenzialistischer Fehlschluss. So entgeht Peschel-Gutzeit (und nahezu jedem anderen) innerhalb der Kultursprachlichkeit die Prägung der Sprache durch das Bewusstsein, während die Prägung des Bewusstseins durch Sprache propagiert wird:

„Die movierten [femininen, U.W.] Personenbezeichnungen setzen eine weibliche Tradition und Realität

---

235 Und wohl auch die Fixiertheit auf die sprachliche Suffixierung der Geschlechter, also etwa auf die Geschlechtersuffixifixierung.

236 Vgl. ebd.

237 Balibar (2012), S. 122. Siehe auch oben Fn. 131 und dazugehörenden Fließtext.

238 Siehe oben S. 120.

voraus. Dieser zentrale Satz kann auch als Handlungsanleitung gelesen werden: **Wenn wir movierte Personenbezeichnungen benutzen, setzen wir genau damit eine weibliche Tradition und Realität voraus und knüpfen an sie an – mag es diese Tradition und Realität nun gegeben haben oder nicht.** Je mehr movierte Formen wir also benutzen, um so mehr beschleunigen wir den Prozeß der Ausdehnung weiblichen Terrains im allgemeinen Bewußtsein. Je mahr [sic] maskuline Formen wir aber benutzen, um so mehr schreiben wir den Status quo fest, der Männlichkeit mit Menschlichkeit gleichsetzt und Weiblichkeit als Antinorm des Menschlichen erscheinen läßt."[239]

Doch wie das „Fräulein" (im eigentlichen auch das „Männlein" oder „Herrlein") – die wirkliche Existenz eines unverheirateten uteralen (bzw. penitalen) Menschen hin oder her – dekonstruiert werden kann, so gilt das auch – Eichel oder Klitoris hin oder her – bei „Frauen" und „Männern" *gleichermaßen*. Dass die Entwicklung, die zum Wegfall der Verwendung des Begriffs Fräulein zur Bezeichnung unverheirateter Frauen geführt hat, nicht auf die gendersprachliche Diskussion übertragbar sei, wie Peschel-Gutzeit meint,[240] ist also ein Irrglaube, der kultur-

...

239 Pusch (1990), S. 39f. Fettdruck gemäß dem Original. Bedenklich ist es, dass in Puschs Sprachpolitik Personen mit Penis überhaupt keine Menschen mehr zu sein scheinen, wenn sie im Zuge ihres Programms der Totalen Feminisierung es für gutheißt und für notwendig hält, den Satz „[S]ie ist ein Mensch, der seine (…) Interessen (…) gut vertritt" abzuändern in „[S]ie ist *eine Frau, die ihre* Interessen (…) gut vertritt", (ebd., S. 77); Kursivdruck gemäß dem Original.

240 Siehe Becker (2022).

sprachlich dem Genus-Sexus-Nexus verhaftet ist. So feiert Frau Pusch *zugleich* sowohl „die Denunziation und Abschaffung des Wortes *Fräulein*" als auch „die Einführung des Pronomens *frau*" in ein- und demselben Satz.[241]

Letztlich fußt der heute geführte Krieg der Gendersterne auf dem kulturweltlichen Unvermögen, die genitalleibliche Separativität des Menschen als Akzidenzien und nicht, wie es eben geschieht, als identitätsbestimmende Essenzen zu begreifen. Das Bewusstsein darüber würde jedenfalls die Kultursprache prägen, sodass in dieser ein personenbezeichnender Begriff einen Menschen unabhängig von seiner genitalen Leiblichkeit meinte. Die Sprache selbst aber, durch die der Mensch spricht und benennt,[242] kennt kein akzidenzialpolitisches Korrelat phallozentristisch geprägter Hierarchisierungsmechanismen.

♂ ♂ ♂

Tatsächlich müsste – auch wenn das entgegen der hier ja stattgefundenen Anprangerung patriarchaler Machtsprache überraschen mag – eine *maskulistische* Emanzipation in Erscheinung treten, da im gegenwärtigen Status quo des gesamtgesellschaftlichen Diskurses die penital ausgestatteten Menschen *gar nicht* genannt werden, zumindest dann nicht, wenn mit maskulingeneralen Wörtern auf „Männer" Bezug genommen wird (auf Menschen also, denen die genitale Letztbewährung in Form eines – wenn auch nur unterstellten – Penis zugesprochen wird). So wird der Mann bei einer konsequent gedachten Fortführung des vorherrschenden Verständnisses des gender-

---

241 Pusch (1990), S. 76, Kursivdrucke gemäß dem Original.
242 Vgl. Benjamin (2002), S. 144 und Wolfstädter (2021), S. 241ff.

gerechten Sprechens in den Gendersternchen-Innen-Floskeln überhaupt gar nicht erst erfasst, wenn etwa von „Philosophen und Philosophinnen" die Rede ist. Dazu müssten die *männlichen* Philosophen, wie das bei Frauen unhinterfragte Praxis ist, überhaupt erst einmal zum Ausdruck gebracht werden, so eben indem man von Philosoph*ern* und Philosoph*innen*, oder Philosoph*er**innen spricht.[243]

♀ ♀ ♀

Was also soll der ganze Gender-Star-Wars bringen?! So ist doch die Gleichstellung von kultürlichen, alteritär gedachten Geschlechtsidentitätskonstrukten ein buchstäblicher Irrsinn. *Es sind die Männer*, die im Kontext des genderideologischen Ziels ihren sprachlichen Niederschlag finden müssten! Das aber fällt gemeinhin in unserer patriarchal durchwirkten Kultur nicht auf, da es auf gesellschaftlicher und politischer Ebene die Frauen sind, die qua Vulva und Uterus ungleich gegenüber Menschen behandelt werden, die sich eines Penis rühmen dürfen. Wegen dieses gesellschaftlichen Missstandes müssen sie also – so die feministisch propagierte und naiv akzeptierte Hoffnung – durch die sprachliche Berücksichtigung ihres Frau-*Seins* zur gesellschaftlichen Wahrnehmung gebracht werden.

---

243 Allerdings scheint die landläufige Bemühung in der Heranziehung dieses Suffixes das eigene Ziel zu kolportieren. Denn die Verwirrung zeigt sich, wenn z. B. von „weiblichen Gesprächspartnerinnen" die Rede ist (Eilenberger 2018, S. 393). Entweder man muss es so deuten, dass das sexusbezogene „-in" verstärkt werden soll. Dann fragt sich, weshalb und ob es allein nicht mehr ausreicht und ob das überhaupt Sinn ergibt. Oder wir erkennen den Irrsinn, der unbemerkt die eigene Sprache angreift. Denn in der gegebenen Formulierung müsste es in logischer Konsequenz auch *nicht-weibliche* Gesprächspartnerinnen geben.

Mir ist jedoch völlig schleierhaft, wie auf diese Art und Weise *menschliche* Gleichheit generiert werden kann. Zementiert es nicht nur noch mehr den auf der Heteronormativität gründenden Patriarchalismus, wenn die gendergerechte Sprache als unscheinbares und die geschlechtliche Gleichheit vortäuschendes Machtinstrument zu seiner Sedimentierung genutzt werden kann? Ist es daher in Wahrheit nicht vielmehr ein unerkannter oder treffender gesagt ein patriarchal geführter und zugleich den Patriarchalismus festigender Krieg der Gendersternch(er)*innen? Ein Krieg sternlicher Geschlechtlichkeiten, der nun scheinheilig und den guten Willen nach Gleichheit vortäuschend pariter inter „pares" ohne Angst vor Verlusten geführt werden kann?

Es ist das *genderisierte* generische Maskulinum – der offensichtliche Stein des Anstoßes innerhalb des landläufig vorherrschenden Diskurses –, das das Patriarchat innerhalb der sexuellen Heteronormativität unserer Kultur aufrechterhält. So wird der Mann mit den ihn aufgreifenden Personenbezeichnungen gemeinhin gemeint, sodass *sein* Gemeint-Sein in der Sprache als ein aggressiver und die Frauen unterdrückender Schritt wahrgenommen wird. Das mag sogar innerhalb der gegenwärtig gegebenen kultursprachlichen Logik richtig und monierbar sein (weshalb sich die meisten Verfechter des generischen Maskulinums auch nicht als Gegner des intendierten Ziels der geschlechtlichen Gleichstellung begreifen). Die Konsequenz daraus ist jedoch der Angriff alterität gedachter und diskriminierter Geschlechtsidentitäten, der sich gegen das *ohnehin und schlechthin im sprachlichen Ausdruck Gemeinte* richtet: auf den gesellschaftlich und politisch *qua Penis* privilegierten Mann anstatt auf die Privilegierung selbst. Genau hierauf gründet die lähmende Schwierigkeit, die ich in meiner Schrift *Die*

Objektität des Bewusstseins, eingebettet in einem größeren philosophischen Umfang, aufzulösen versuche und hier nun auf die Problematik der genderideologischen Sprechakte fokussiere: Es ist die Genitalscham. Denn sie ist es, die uns in unserer sexistischen Kultur gendern lässt und damit dem Mann *qua genderisiertem Genus* phallozentrische Macht verleiht! Dieser vertrackte Umstand sei im Folgenden näher betrachtet.

Der vermeintliche Glaube an das insbesondere im Genus Maskulinum liegende Gemeint-Sein des Mannes und das damit konnotierte Nicht-Gemeint-Sein der Frau speist sich aus der Scham, die den „Kern des Selbst" schützen soll und „daher per definitionem ‚narzißisch' ist"[244] Beide (bzw. alle) Geschlechtsidentitäten werden also, so ist es zunächst nochmals festzuhalten, vor dem Hintergrund des besagten Glaubens *zur Sprache gebracht*. Warum? Weil die alteritären Merkmale der genitalen Letztbewährung in ihrer öffentlichen Sichtbarkeit – was im Grunde ein *Schritt der Zuwendung* zu einer geschlechtlich gleichberechtigten Kultur wäre – als ein aggressiver Akt verstanden wird:

> „Ganz allgemein können wir (…) sagen, daß ein aggressiver Schritt, der den anderen behelligt (…) oder ihn überwältigt, Schuld in uns hervorrufen kann und soll. Wenn ein Schritt der Zuwendung, der an sich überhaupt nicht als solches Eindringen gedacht war, nun eben als Aggression abgewehrt, mit Hohn abgewendet oder ignoriert wird, dann wird dies zum Anlaß heftiger Beschämung und Schmach."[245]

---

244 Vgl. Wurmser (2017), S. 72.
245 Ebd., S. 57.

Der besagte vertrackte Umstand besteht nun darin, dass die aggressive Abwehr des Schritts der Zuwendung die kultürliche Vorbedingung dafür ist, den narzisstisch behüteten Kern des Selbst zu beschützen: „"Damit ich mich nicht schämen muß, verberge ich, was mir am teuersten ist."'[246] Vor diesem Sachverhalt kann nun nicht wirklich geleugnet werden, dass es die genitale Letztbewährung ist, auf der sich unsere binäre Geschlechtskultur gründet. Was ich mit diesem rekurrierend redundanten Verweis erreichen will, ist, dass die folgende Feststellung nicht wiederum aus schamgenährter Empörung verworfen werden kann: Der in unserer Kultur eingebrannte Glaube an geschlechtliche Identitäten verbannt eben jene Leibesteile in den Bereich des Unsittlichen, an denen wir unsere Identität bestimmen. Mit und in der Sprache nun sollen die auf diese Weise gewonnenen Identitäten, die dazu verurteilt sind, die genannte Zurückweisung des eigenen Selbst zu kompensieren, zur Wahrnehmung gebracht werden. In der Sprache besteht aber kein Bezug zu unseren kultürlich generierten Geschlechtskonstrukten, die ihr Korrelat in den biologischen Geschlechtsorganen haben. Daraus ergibt sich die selbst heraufbeschworene sexistische Konsequenz des geschlechtlichen Unbehagens in der Sprache. Dieses Unbehagen wirkt sich nicht nur in dem Drang aus, die verhehlte Identität zumindest sprachlich zum Ausdruck zu bringen, sondern auch in der Zementierung des Patriarchalismus, indem zwar völlig falsch, so aber doch gemeinhin und wirkmächtig im Generalmaskulinum der genital begründete Mann als *gemeint* angenommen (und ein generisches Maskulinum unterstellt) wird, während die Vulva im einzigen Mittel,

---

246 Ebd., S. 71, Satz im Original in Anführungszeichen.

das des wahrnehmlichen Ausdrucks der mit ihr korrelierenden Geschlechtsidentität, lediglich *mit*gemeint ist.

* ♂ * ♀ *

Ich lade den Leser vor dem Hintergrund des hier erwogenen Sachverhalts zu einem Spaziergang ein. Was hindert uns? Sind es etwa die *genitalen* Merkmale leiblicher Separativität, sprich die naturalistischen Korrelate der versuffixierten Identitätsbezeichnungen in der Sprache? Warum sind es nicht andere leibliche Merkmale, wie beispielsweise die Blutgruppen, die Haar- oder Augenfarben?[247]

Im kultürlichen Grunde ist es so schwierig wie im geisteswissenschaftlichen einfach: Akzidenzien wie die Blutgruppen sind zwar existent, sprich tatsächlich in leibleicher Separativität vorhanden, und das nicht anders, wie es die genitaldeviante Vielfalt oder die der Hautfarben unserer Körper ist.[248] Die Genitalien sind aber im Unterschied zu diesen Akzidenzien zum einen nicht nur sichtbar, sondern auch insbesondere *schambehaftet*. Für die nun folgende Schlussbemerkung der vorliegenden Schrift möchte ich daher ein Zitat von Luise F. Pusch in Abwandlung bringen, weil es zeigt, *warum* es unklar ist, „[w]ie (…) unsere überkommenen, durch und durch patriarchalischen Genus-Sprachen der Erfüllung auch nur der Mindestanforderung [nämlich gerecht und bequem zu sein, U. W.] näherzubringen sind".[249] Vorneweg im Original:

....

247 Vgl. und siehe oben Fn. 215.
248 Zur Akzidenzialität der Genitalien s. Wolfstädter (2021).
249 Pusch (1990), S. 95; vgl. auch oben das Vorwort.

„Die Analyse und Bewußtmachung der frauenfeindlichen semantischen Verdrehungen in unserem Wortschatz hat gerade erst begonnen. Diese Forschung muß zur Zeit außeruniversitär betrieben werden, weil wir Frauen, auch wir Linguistinnen, nicht dürfen, was wir können – jedenfalls nicht an den deutschen Männer-Universitäten."[250]

Nun in Abwandlung gebracht:

Die Analyse und Bewusstmachung der gymnophoben semantischen Verdrehungen in unserer Sprache hat gerade erst begonnen. Diese Forschung muss zurzeit außeruniversitär, versteckt und unter Gefahr für Ruf und Anerkennung betrieben werden, weil wir Nudisten nicht dürfen, was wir können – *jedenfalls nicht bei Unterhaltung und Spaziergang mit allen Menschen jedweden Geschlechts.*

---

[250] Pusch (1990), S. 34.

Unsichtbare Nachgedanken

„‚Kraftausdrücke sind dem Zeitgeist unterworfen. Sie leben von Tabubrüchen, dienen als Ventil für Aggressionen und dämpfen Schmerzen. Außerdem können sie die körperliche Leistungsfähigkeit und Glaubwürdigkeit einer Person steigern. (Lorenzen 2021)'

Gewiss: Die sogenannte ‚Malediktologie' (Meininger 2018) gehört nicht zu den Königsdisziplinen in den Sprachwissenschaften. Schade: In ihrer Einfachheit und Expressivität sind Kraftausdrücke Symptome emotionaler wie kognitiver Stimmigkeit. Denn wer flucht und schimpft, gibt sich ehrlich und macht aus seinem Herzen keine Mördergrube: Er oder sie ist dann ganz bei sich selbst, also im wahrsten Sinne authentisch. Zudem: An Kraftausdrücken lässt sich leicht ablesen, was auch unsere Lust am Errichten von phantasievollen bis wahnhaften Luft- und Lustschlössern auszeichnet: Es ist das Vergnügen an Affektivität, an Leck-mich-am-Arsch und an Grenzüberschreitung."[251]

Nun denn, herzlichen Dank für die wissenschaftliche Legitimation: Wann ist endlich Schluss mit dem verpimmelten Fotzenscheiß? Brauchen wir diese verdammten Sex- und Geschlechtsidentitätsschlösser in der Sprache, damit „[e]r oder sie (…) dann ganz bei sich selbst, also im wahrsten Sinne authentisch [ist]",[252] damit „kommunikative Akteure (…) ausnahmslos sichtbar gemacht werden können"[253]? Warum, zum Teufel,

....

251 Antos (2021), S. 22.
252 Ebd. Siehe und vgl. auch Wolfstädter (2021), S. 213–215.
253 Antos (2021), S. 18f.

werden dann ausgerechnet im empfindlichsten Moment der Genderideologie bzw. im hier angeführten Zitat doch wieder nur die schwanzbewährten *Akteure* genannt?

* ♀ * ♂ *

Ich frage mich doch nur, warum ich nicht ein *Mensch* sein darf, eine Aushilfe beispielsweise, eine Hebamme oder auch ein Flaschenöffner. Warum darf ich nicht einfach ein neutrales *Mitglied* in irgendeinem Scheißverein sein?

Doch offenbar ist es so, dass „[dabei e]ine besondere Rolle (…) der öffentlichen Inszenierung von Selbstermächtigung zu[kommt]"[254]:

„Was wären Aktivist:innen, Waghalsige, Kreative, KünstlerInnen, Entdecker_innen, Erfinder*innen oder auch Visionär*innen und charismatische Verkäufer*innen ohne ihre Bereitschaft und Kunst, zunächst einmal sich selbst erfolgreich zu überlisten? Nicht zuletzt, um neue Ideen durchsetzen oder um etabliertes Wissen, überholte Bräuche oder Rituale definitiv in Frage stellen zu können!"[255]

… Eine gute Frage,
– die beim Spazierengehen geklärt werden sollte!

* ♀ * ♂ *

---

254 Ebd., S. 23.
255 Ebd.

„‚Wir lieben Freiburg, weil…'

… es ganz schön bunt ist. Auch als Arbeitgeberin. Deshalb freuen wir uns auf Bewerbungen (a)ller, die für ihr Thema brennen und uns und unsere Stadt weiterbringen wollen. Menschen mit unterschiedlicher Herkunft, Geschlecht, geschlechtlicher Identität, Alter, Hautfarbe, Religion, sexueller Orientierung oder Behinderung sind bei uns willkommen. Vielfalt – dafür stehen wir. Und das (a) im Jobtitel."[256]

- Freiburg hat ein Geschlecht …?
- Die Stadt sucht Menschen mit Geschlecht …?
- Und überhaupt solche mit unterschiedlicher Herkunft, geschlechtlicher Identität, Alter, Hautfarbe, Religion, sexueller Orientierung oder Behinderung …? Darf ich mich bei der Stadt Freiburg also nur dann bewerben, wenn meine Herkunft zugleich beispielsweise in Rumänien und Portugal anzusiedeln ist, ich zugleich Frau und irgendetwas anderes, 45 und 18 Jahre alt und jung bin, weiß- und schwarzfarbene Haut zugleich habe, Buddhist und Christ, bi- und homosexuell bin oder im Rollstuhl sitze und Diabetes habe – darf ich mich also nur dann bewerben, wenn ich so schön bunt wie die Stadt Freiburg bin …?

Was um alles in der Welt hält die Stadt Freiburg davon ab, *Menschen* für die Besetzung ihrer Ämter zu suchen?

* ♀ * ♂ *

---

256 Badische Zeitung, 22.01.2022, S. 19.

Eine Frage an Frau Pusch:
Wenn Sie glauben, dass „Männliches (…) nicht unter einen weiblichen Oberbegriff fallen [darf]"[257] – „[n]ie und nimmer" und „unter keinen Umständen"[258] gemäß dem obersten Gesetz patriarchaler Sprachen, wie Sie sagen,[259] was Sie etwa daran festmachen, dass es „*der Zwitter* und nicht *die* oder *das Zwitter*" heiße:[260] Wie erklären Sie dann die Existenz der vielen männlichen *Personen* auf der Welt, die sich noch nicht einmal darüber beschweren, unter einen weiblichen Oberbegriff zu fallen?

Interessieren würde mich noch, ob die bis zu „600 Personen", vor denen Sie Ihre Vorträge hielten[261] und halten, also alle immer nur Frauen waren und sind?

* * ♀ * *

Krieg der Gendersterne:

> „Den Wirbel verursachte fast schon traditionsgemäß der innenstadtweite Aufzug der Impf(pflicht)gegner, die diesmal Verschwörungsliebhaber mit Promistatus beklatschten. Überall und stundenlang waren Polizeikräfte im Einsatz, stets in Habachtstellung, um Kontrahentinnen und Kontrahenten auseinanderzuhalten."[262]

....

257 Pusch (1990), S. 35.
258 Ebd., S. 89.
259 Vgl. ebd., S. 35.
260 Siehe ebd. und oben Fn. 190.
261 Siehe ebd., S. 94.
262 Mauch (2022).

* ♂ * ♀ *

Wie viel Mann steckt eigentlich im männlichen Geschlechtsteil, oder: Wann ist Mann ein Mann?
Die Eichel. *Die* Prostata. *Die* Spermien. *Die* Samenblase. *Die* Samenleiter. *Die* Vorhaut. *Die* Harnröhre. *Die* Bulbourethraldrüse. *Die* Erektion. *Das* Schamhaar. *Das* Schambein. *Die* Hode, bei der der Artikel gar nicht feststeht … und ja: *das ganze Glied!*

Wer nun glaubt, dass der Penis sein Genus hat, weil es das *männliche* Genital ist, dann kann es um *die* Potenz des Mannes ja nicht so gut bestellt sein. Oder muss der Patriarchalismus als eine kompensatorische Konsequenz des geschundenen Selbstwertgefühls des Mannes betrachtet werden?!

Dank

Erneut gilt mein Dank Herrn Dr. Volker Manz. Er korrigiert den Text – *und liest die Intension des Gemeinten.*

Bedingungslos meiner Familie.

Quellen- und Literaturverzeichnis

AMMER, J. (2020a): *Die deutsche Sprache und ihre Geschlechter. Eine Dokumentation.* Paderborn: IFB Verlag.
AMMER, J. (2020b): „Vorwort". In J. Ammer (Hrsg.), *Die deutsche Sprache und ihre Geschlechter. Eine Dokumentation* (S. 9–15). Paderborn: IFB Verlag.
ANDERSEN, H.-C. (1862): *Des Kaisers neue Kleider.* In https://maerchen.com/andersen/des-kaisers-neue-kleider.php, letzter Zugriff: 07.04.2022.
ANTOS, G. (2020): *Wissenskommunikation. Ausgewählte Aufsätze.* Berlin: Frank & Timme.
ANTOS, G. (2021): *Rhetorik der Selbstverzauberung. Einblicke in Luft- und Lustschlösser unserer Selbstmanipulation.* Berlin: Frank & Timme.
AVANESSIAN, A. (2022): Mit Heidegger im Silicon Valley. Interview mit Sam Ginn und Hans Ulrich Gumbrecht. *Philosophie-Magazin*, Nr. 62 (2/2022), S. 36–41.
AYASS, R. (2008): *Kommunikation und Geschlecht. Eine Einführung.* Stuttgart: Kohlhammer.
BALIBAR, É. (2012): *Gleichfreiheit. Politische Essays.* Berlin: Suhrkamp.
BAYER, J. (2020): Gerechte Sprache? *Sprachnachrichten*, Nr. 88 (IV/2020), S. 12–13.
BEAUVOIR, S. DE (2002): *Das andere Geschlecht. Sitte und Sexus der Frau.* Hamburg: Rowohlt.
BECKER, C. (2022): „Fräulein: Langer Abschied von einem Reizwort. Zwischen ‚Fräuleinwunder' und Respektlosigkeit". *Die Welt*, https://www.welt.de/icon/partnerschaft/article236261162/Fraeulein-Langer-Abschied-von-einem-Reizwort-zwischen-Fraeuleinwunder-und-Respektlosigkeit.html, letzter Zugriff: 07.04.2022.
BENJAMIN, W. (2002): *Gesammelte Schriften. Aufsätze, Essays, Vorträge.* Herausgegeben von R. Tiedemann und H. Schweppenhäuser. 7 Bde. Bd. 2,1. Frankfurt am Main: Suhrkamp.
BENJAMIN, W. (2019): *Über Sprache überhaupt und über die Sprache des Menschen.* Ditzingen: Reclam.

BERGMANN, F./MOOS, J. (2007): *Männer und Geschlecht* (*Freiburger GeschlechterStudien*, 21/2007). Freiburg: jos fritz.

BOATCĂ, M. (2003): Die diskursive Macht von Zuschreibungen. Zur Irrfahrt „unumstrittener Ergebnisse" der Gewaltdebatte. *Devianz*, S. 111–130.

BOCK, B. M./FIX, U./LANGE, D. (2017): *„Leichte Sprache" im Spiegel theoretischer und angewandter Forschung*. Berlin: Frank & Timme.

BRAUN F./OELKERS S./ROGALSKI K./BOSAK J./SCZESNY S. (2007): „'Aus Gründen der Verständlichkeit...': Der Einfluss generisch maskuliner und alternativer Personenbezeichnungen auf die kognitive Verarbeitung von Texten". *Psychologische Rundschau*, 58 (3), S. 183–189.

BRUGMANN, K. (1888): Das Nominalgeschlecht in den indogermanischen Sprachen. *Internationale Zeitschrift für allgemeine Sprachwissenschaft*, Nr. 4 (1888), S. 100–109.

BUSSMANN, H. (1995): Das Genus, die Grammatik und – der Mensch. Geschlechterdifferenz in der Sprachwissenschaft. In H. Bußmann, R. Hof (Hrsg.), *Genus. Zur Geschlechterdifferenz in den Kulturwissenschaften* (S. 114–160). Stuttgart: Alfred Kröner.

BUSSMANN, H./HOF, R. (1995): *Genus. Zur Geschlechterdifferenz in den Kulturwissenschaften*. Stuttgart: Alfred Kröner.

CERVANTES SAAVEDRA, M. DE (2021): *Der sinnreiche Junker Don Quijote von der Mancha*. Berlin: epubli.

CORBETT, G. G. (1991): *Gender*. Cambridge u. a.: Cambridge University Press.

DILLMANN, T. (2020): *Gendergerechte Sprache wird in DAX-Unternehmensberichten zurückgedreht*. https://pr-journal.de/nachrichten/unternehmen/25821-gendergerechte-sprache-wird-in-unternehmensberichten-zurueckgedreht.html, zugegriffen 23.10.2021.

EICHHOFF-CYRUS, K. M. (2004): *Adam, Eva und die Sprache. Beiträge zur Geschlechterforschung*. Mannheim: Dudenverlag.

EISENBERG, P. (2020a): Das missbrauchte grammatische Geschlecht – Gendern im Wandel. In J. Ammer (Hrsg.), *Die deutsche Sprache und ihre Geschlechter. Eine Dokumentation* (S. 17–23). Paderborn: IFB Verlag.

EISENBERG, P. (2020b): Wenn das Genus mit dem Sexus. In J. Ammer (Hrsg.), *Die deutsche Sprache und ihre Geschlechter. Eine Dokumentation* (S. 24–32). Paderborn: IFB Verlag.

ELSEN, H. (2020): *Gender – Sprache – Stereotype. Geschlechtersensibilität in Alltag und Unterricht.* Stuttgart: UTB.

FIX, U./PAPPERT, S./SCHRÖTER, M. (2008): *Verschlüsseln, Verbergen, Verdecken in öffentlicher und institutioneller Kommunikation.* Berlin: Schmidt.

FLASSPÖHLER, S. (2021): *Sensibel. Über moderne Empfindlichkeit und die Grenzen des Zumutbaren.* Stuttgart: Klett-Cotta.

FORSA (2021): *Umfrage zum Gendern: Das denken die Deutschen über die Sprache,* https://www.rtl.de/cms/umfrage-zum-gendern-das-denke-die-deutschen-ueber-die-sprache-4770234.html.

FOUCAULT, M. (1966): *Les mots et les choses. Une archéologie des sciences humaines.* Paris: Gallimard.

FREGE, G. (2011): *Funktion, Begriff, Bedeutung. Fünf logische Studien.* Göttingen: Vandenhoeck & Ruprecht.

FRITZ, M. (1998): Die urindogermanischen s-Stämme und die Genese des dritten Genus. In W. Meid (Hrsg.), *Sprache und Kultur der Indogermanen* (S. 255–264). Innsbruck: Universität Innsbruck, Institut für Sprachwissenschaft.

GABRIEL, M. (2020): *Neo-Existentialismus.* Freiburg, München: Karl Alber.

GLÜCK, H. (2020): Geschlecht und Schreibweise. Eine kleine Sex-Grammatik. In J. Ammer (Hrsg.), *Die deutsche Sprache und ihre Geschlechter. Eine Dokumentation* (S. 28–32). Paderborn: IFB Verlag.

GLÜCK, H. (2021): „Damaris Nübling: Genus und Geschlecht: Zum Zusammenhang von grammatischer, biologischer und sozialer Kategorisierung (Abhandlungen der Geistes- und Sozialwissenschaftlichen Klasse, Akademie der Wissenschaften und der Literatur, Mainz). Stuttgart: Franz Steiner Verlag, 2020." *Archiv für das Studium der neueren Sprachen und Literaturen,* 1/2021, https://doi.org/10.37307/j.1866-5381.2021.01.16, letzter Zugriff: 07.04.2022.

GÜNTHER, J. (2021): *Gender-Prosodie in Polit-Talkshows? Eine medienrhetorische Analyse.* Berlin: Frank & Timme.

GÜNTHNER, S./HÜPPER, D./SPIESS, C. (2012): *Genderlinguistik. Sprachliche Konstruktionen von Geschlechtsidentität.* Berlin: De Gruyter.

Gygax, P. (2008): Can societal language amendments change gender representation? The case of Norway. *Skandinavian Journal of Psychology*, 49 (5), S. 451–457.

Hanitzsch, T. (2021): „Genderstern und Binnen-I: Es ist Zeit, die Realität zu akzeptieren: Zu Rudolf Stöbers Beitrag ‚Genderstern und Binnen-I. Zu falscher Symbolpolitik in Zeiten eines zunehmenden Illiberalismus'". *Publizistik: Vierteljahreshefte für Kommunikationsforschung*, 66, S. 181–85, https://doi.org/10.1007/s11616-021-00645-4.

Hannover, B./Wolter, I./Drewes, J./Kleiber, D. (2016): Geschlechtsidentität: Selbstwahrnehmung von Geschlecht. In *Geschlechterunterschiede und Geschlechterunterscheidungen in Europa* (S. 143–174). Berlin, Boston: De Gruyter Oldenbourg.

Heidegger, M. (2000): *Über den Humanismus*. Göttingen: Vittorio Klostermann.

Hark, S./Villa, P.-I. (2015): *Anti-Genderismus. Sexualität und Geschlecht als Schauplätze aktueller politischer Auseinandersetzungen*. Bielefeld: transcript.

Heise, E. (2000): Sind Frauen mitgemeint? Eine empirische Untersuchung zum Verständnis des generischen Maskulinums und seiner Alternativen. *Sprache & Kognition. Zeitschrift für Sprach- und Kognitionspsychologie und ihre Grenzgebiete*, 19 (1/2), S. 3–13, https://econtent.hogrefe.com/doi/abs/10.1024//0253-4533.19.12.3, letzter Zugriff: 07.04.2022.

Hurna, M. (2021): *Neuester Sprachpurismus. Wie wir sprechen, wenn wir Gutsprech sprechen*. Berlin: Parodos.

Ibrahim, M. H. (1973): *Grammatical gender. Its origin and development*. Den Haag: Mouton.

Infratest dimap (2020): *Weiter Vorbehalte gegen gendergerechte Sprache.* https://www.infratest-dimap.de/umfragen-analysen/bundesweit/umfragen/aktuell/weiter-vorbehalte-gegen-gendergerechte-sprache/, letzter Zugriff 07.04.2022.

insa consulere (2019): Quellenangaben von Umfragen/Studien. https://www.insa-consulere.de/?msclkid=51debd4fb68611ec8711ae2dd253618f, letzter Zugriff: 07.04.2022.

Irigaray, L. (2007): *Je, tu, nous toward a culture of difference*. Übersetzt von Alison Martin. New York [u.a.]: Routledge.

Irmen, L./Köhncke, A. (1996): Zur Psychologie des ‚generischen' Maskulinums. *Sprache & Kognition. Zeitschrift für Sprach- u. Kognitionspsychologie u. ihre Grenzgebiete*, 15 (3), S. 152–166.

Irmen, L./Linner, U. (2005): Die Repräsentation generisch maskuliner Personenbezeichnungen. *Zeitschrift für Psychologie*, 213 (3), S. 167–175.

Janich, N./Thim-Mabrey, C. (2003): *Sprachidentität – Identität durch Sprache*. Tübingen: Gunter Narr.

Joe, A. (2022): Warum Gendersprache scheitern wird. https://www.youtube.com/watch?v=aZaBzeVbLnQ, letzter Zugriff: 28.04.2022.

Kant, I. (1956): *Kritik der reinen Vernunft 1*. Werkausgabe Band III, hrsg. von W. Weischedel. Frankfurt am Main: Suhrkamp.

Kelle, B. (2020): *Gendergaga. Wie eine absurde Ideologie unseren Alltag erobern will*. München: FinanzBuch Verlag.

Klinger, C. (1995): Beredtes Schweigen und verschwiegenes Sprechen. Genus im Diskurs der Philosophie. In H. Bußmann, R. Hof (Hrsg.), *Genus. Zur Geschlechterdifferenz in den Kulturwissenschaften* (S. 34–59). Stuttgart: Alfred Kröner.

Koch, S. C./Zimmermann, F./Garcia-Retamero, R. (2007): El sol – die Sonne. Hat das grammatische Geschlecht von Objekten Implikationen für deren semantischen Gehalt? *Psychologische Rundschau*, 58 (3), S. 171–182.

Köhler, B. (2013): Sex, Gender, Diversity und Reifikation. (Wozu) brauchen wir (ein) Geschlecht? *Soziologie-Magazin*, 6 (1), https://www.academia.edu/3271028/Soziologiemagazin_Sex_Gender_Diversity_und_Reifikation_Wozu_brauchen_wir_ein_Geschlecht_April_2013_, letzter Zugriff: 07.04.2022.

König, O. (1990): *Nacktheit. Soziale Normierung und Moral*. Opladen: Westdeutscher Verlag.

Kotthoff, H./Nübling, D. (2018): *Genderlinguistik. Eine Einführung in Sprache, Gespräch und Geschlecht*. Tübingen: Narr Francke Attempto.

Krämer, W. (2011): *Wie wir uns von falschen Theorien täuschen lassen*. Berlin: Berlin University Press.

Kuhla, E. (2021): *Die Gender-Fibel. Ein irres Konversationslexikon*. Basel: Fontis-Verlag.

Kunkel-Razum, K. (2021): Geschlechter-gerechte Sprache im Duden. „Uns fehlen Pronomen für die dritten, vierten und fünften Geschlechter". Interviewt von Antje Hildebrandt. *Cicero*, 25.02.2021, https://www.cicero.de/innenpolitik/duden-rechtschreibung-gendern-gleichberechtigung-gendersternchen-rat, letzter Zugriff: 07.04.2022.

Larmagnac-Matheron, O. (2021): Die Vorkämpferin. Interview mit Luce Irigaray, übersetzt von Grit Fröhlich. *Philosophie-Magazin*, Nr. 60 (6/2021), S. 20–25.

Lesch, H. (2021): Gendern. Wahn oder Wissenschaft? Leschs Kosmos. ZDF, 05.10.2021, https://www.zdf.de/uri/94a728f6-b4cd-42ae-8f57-94b90bf70b82, letzter Zugriff: 07.04.2022.

Lorenzen, A. (2021): Malediktologie. Fluchen im Dienst der Wissenschaft. *Spektrum der Wissenschaft*, 01.06.2021, https://www.spektrum.de/news/malediktologie-fluchen-im-dienst-der-wissenschaft/1873969, letzter Zugriff: 07.04.2022.

Marks, I. (2019): ,Team' statt ,Mannschaft'. Stadt will gendergerechte Sprache. *Augsburger Allgemeine*, 24.01.2019, https://www.augsburger-allgemeine.de/augsburg/Augsburg-Team-statt-Mannschaft-Stadt-will-gendergerechte-Sprache-id53279526.html.

Maron, M./Schneider, W./Krämer, W./Kraus, J. (2019): *Schluss mit Gender-Unfug!* https://vds-ev.de/aktionen/aufrufe/schluss-mit-gender-unfug/, letzter Zugriff. 07.04.2022.

Mauch, U. (2022): Polizei im Dauereinsatz. Mitfiebern im Lagezentrum. *Badische Zeitung*, 21.02.2022.

Maurer, M. (2002): Sexualdimorphismus, Geschlechtskonstruktion und Hirnforschung. In: U. Pasero/A. Gottburgsen (Hrsg.), *Wie natürlich ist Geschlecht? Gender und die Konstruktion von Natur und Technik* (S. 65–108). Wiesbaden: Westdeutscher Verlag.

MDRfragt (2021): *Meinungsbarometer MDRfragt: Deutliche Mehrheit lehnt Gendersprache ab.* https://www.mdr.de/nachrichten/deutschland/gesellschaft/mdrfragt-umfrage-ergebnis-deutliche-ablehnung-von-gendersprache-100.html, letzter Zugriff: 07.04.2022.

Meid, W. (1998): *Sprache und Kultur der Indogermanen*. Innsbruck: Universität Innsbruck, Institut für Sprachwissenschaft.

Meinunger, A. (2018): Übers Schimpfen, Fluchen und Beleidigen. Die Linguistik verbaler Aggression. *Sprachspiegel. Zweimonatsschrift*, 4/2018, S. 108–120, https://doi.org/10.5169/seals-817147, letzter Zugriff: 07.04.2022.

Moore, G. E. (1970): *Principia ethica*. Übers. und hrsg. von B. Wisser, Stuttgart: Reclam.

Müller, H. (2022): Gendern ist Hausfriedensbruch am ‚Haus des Seins'. *neuer Anfang. klar, katholisch, unterwegs* (Blog), https://neueranfang.online/gendern-ist-hausfriedensbruch-am-haus-des-seins/, letzter Zugriff: 15.03.2022.

Nassehi, A. (2021): *Unbehagen. Theorie der überforderten Gesellschaft*. München: Beck.

Nguyen-Kim, M. T. (2018): Sollte man gendern? *maiLab*, 18.10.2018, https://www.youtube.com/watch?v=yUuE_aCrKsQ, letzter Zugriff: 07.04.2022.

Nguyen-Kim, M. T. (2021a): Thema: Meinungsfreiheit. Maithink X – Die Show. Mit Dr. Mai Thi Nguyen-Kim. *ZDF Neo*, 24.10.2021, https://www.zdf.de/uri/f3dea814-7700-4308-8bba-cf5f42aed83d, letzter Zugriff: 07.04.2022.

Nguyen-Kim, M. T. (2021b): Verschwörungstheorien. Ask Mai Anything für MAITHINK X. *ZDF Neo*, 27.10.2021, https://www.zdf.de/uri/85780817-2c9f-4105-b81b-0d924c0b51fd, letzter Zugriff: 07.04.2022.

NWZ Online (2022): Moderne Sprache. Studie: Gendern polarisiert auch in der jungen Generation. *NWZ Online*, 17.02.2022, https://www.nwzonline.de/familie-meldungen/moderne-sprache-studie-gendern-polarisiert-auch-in-der-jungen-generation_a_51,6,555118528.html, letzter Zugriff: 25.03.2022.

Payr, F. (2021): *Von Menschen und Mensch*innen. 20 gute Gründe, mit dem Gendern aufzuhören*. Wiesbaden: Springer Fachmedien Wiesbaden.

Pollatschek, N. (2020): Gendern macht die Diskriminierung nur noch schlimmer. *Der Tagesspiegel Online*, 30.08.2020, https://www.tagesspiegel.de/kultur/deutschland-ist-besessen-von-genitalien-gendern-macht-die-diskriminierung-nur-noch-schlimmer/26140402.html, letzter Zugriff: 07.04.2022.

Precht, R. D. (2019): *Sei du selbst. Eine Geschichte der Philosophie*. München: Goldmann.

Pusch, L. F. (1990): *Alle Menschen werden Schwestern. Feministische Sprachkritik*. Frankfurt am Main: Suhrkamp.

Pusch, L. F. (1991): *Das Deutsche als Männersprache. Aufsätze und Glossen zur feministischen Linguistik*. Frankfurt am Main: Suhrkamp.

Pusch, L. F. (2020): Für eine gerechte Sprache. *Cicero Online*, 23.09.2020, https://www.cicero.de/kultur/sprache-geschlecht-gendern-gerechtigkeit-maenner-oeffentlich-rechtlicher-rundfunk-luise-pusch, letzter Zugriff:15.03.2022.

Ring, J. (2020): Corona-Tagebuch von … Jochen Ring: Einmal die Bazooka bitte! *Blick ins Gymnasium*, 35, Nr. 332 (Juli 2020), S. 8.

Rink, I. (2019): Kommunikationsbarrieren. In Ch. Maaß, I. Rink (Hrsg.), *Handbuch Barrierefreie Kommunikation* (S. 29–66). Berlin: Frank & Timme.

Römer, R. (1985): *Sprachwissenschaft und Rassenideologie in Deutschland*. München: Fink.

Rynkiewicz, K. (2022): *What Can Philosophy Tell Us Today? A Phenomenological Consideration of Achievements in Cognitive Science: With an Analysis of Gender as a Way of Dealing with Being*. Hamburg: Dr. Kovac.

Scholten, D. (2018): Die empirischen Forschungen der feministischen Linguistik. *Belles Lettres – Deutsch für Dichter und Denker*, 15.11.2018, https://www.belleslettres.eu/content/deklination/gender-nubling-lobin-sueddeutsche.php, letzter Zugriff: 08.03.2022.

Scholz, A.-L. (2015): Kinder und Stereotype. *Der Tagesspiegel Online*, 07.07.2015, https://www.tagesspiegel.de/wissen/studie-zu-gender-in-der-sprache-kinder-und-stereotype/12023190.html, letzter Zugriff: 15.03.2022.

Schulte, B. (2021): Intensive Begegnung im Denken. *Badische Zeitung*, 23.09.2021, https://www.badische-zeitung.de/intensive-begegnung-im-denken, letzter Zugriff: 23.10.2021.

Schulze-Eisentraut, H., Ulfig, A. (2021): *Gender studies. Wissenschaft oder Ideologie?* Baden-Baden: Deutscher Wissenschaftsverlag.

Sindlinger, A. (2021): In Nürnberg hört's auf? Thomas Gottschalk erzielte mit der Jubiläumssendung von ‚Wetten, dass…?' eine Traumquote – gerade bei den Jüngeren. *Badische Zeitung*, 08.11.2021.

Spitzmüller, J. (2005): *Metasprachdiskurse. Einstellungen zu Anglizismen und ihre wissenschaftliche Rezeption*. Berlin, New York: De Gruyter.

Stahlberg, D./Sczesny, S. (2001): Effekte des generischen Maskulinums und alternativer Sprachformen auf den gedanklichen Einbezug von Frauen. *Psychologische Rundschau*, 52 (3), S. 131–140.

Stefanowitsch, A. (2018): *Eine Frage der Moral. Warum wir politisch korrekte Sprache brauchen.* Herausgegeben von K. Kunkel-Razum. Berlin: Dudenverlag.

Thim-Mabrey, C. (2003): Sprachidentität – Identität durch Sprache. Ein Problemaufriss aus sprachwissenschaftlicher Sicht. In N. Janich, Ch. Thim-Mabrey (Hrsg.), *Sprachidentität – Identität durch Sprache* (S. 1–18). Tübingen: Gunter Narr.

Tyrell, H. (1986): Geschlechtliche Differenzierung und Geschlechterklassifikation. *Kölner Zeitschrift für Soziologie und Sozialpsychologie*, 38 (3), S. 450–489.

Unfried, P. (2021): „Ich finde Hedonismus sympathisch". Interview mit Sahra Wagenknecht. *taz*, 30.05.2021, https://taz.de/!5771163/, letzter Zugriff: 25.02.2022.

Weiland, R. (2021): *Die Unruhe des Denkens und das Versprechen der Philosophie.* Hannover: Der Blaue Reiter.

Wolf, N. R. (2021): *Der Duden, die Genera und die Geschlechter.* Würzburg: Universität Würzburg.

Wolfstädter, U. T. (2021): *Die Objektität des Bewusstseins.* Berlin: Frank & Timme.

Wurmser, L. (2017): *Die Maske der Scham. Die Psychoanalyse von Schamaffekten und Schamkonflikten.* Hohenwarsleben: Westarp Verlagsservicegesellschaft.

Wyss, U. (1979): *Die wilde Philologie. Jacob Grimm und der Historismus.* München: Beck.